Ebenso wie das bunte Treiben auf der Bühne faszinierte Alfred Kerr die reale Welt. Mit großer Lebensfreude begab sich der Theaterkritiker auf Reisen, begierig die Schönheiten dieser Welt für sich zu entdecken. Schreibend malt Kerr die Welt aus und verweilt doch nie an der Oberfläche. Er will das Wesentliche seiner Erlebnisse in einer um höchste Genauigkeit bemühten Sprache einfangen. Mit dem richtigen Gefühl für die knappe und treffende Formulierung reist er als wacher Beobachter durch die Welt und verbindet immer Begeisterung mit sachlicher Analyse. Kerr ist Chronist seiner Zeit, der ein Panorama der Epoche entwirft und damit seinen Texten eine zeitlose Aktualität verleiht. Der Band bietet die Gelegenheit, Kerr von Paris über Venedig und Rom bis nach Sizilien zu begleiten und einem Menschen über die Schulter zu schauen, der das Reisen als eine Vervollkommnung des menschlichen Daseins pries.

ALFRED KERR (ursprünglich Kempner), 1867 in Breslau geboren, studierte Literaturwissenschaft in Berlin. Als Kritiker arbeitete er vornehmlich bei *Der Tag,* dem von ihm geleiteten zweiten *Pan* und dem *Berliner Tageblatt.* 1933 floh Kerr aus Deutschland und konnte sich nur mit viel Mühe in London eine neue Existenz aufbauen. 1948 erlitt er einen Schlaganfall und nahm sich das Leben.

Unsere Adresse im Internet: www.fischer-tb.de

Alfred Kerr
Zwischen Paris und Rom

Reiseimpressionen

Fischer Taschenbuch Verlag

Textgrundlage dieses Taschenbuchs ist
Alfred Kerr: Werke in Einzelbänden.
Herausgegeben von Hermann Haarmann und Günther Rühle.
Band I, 2. Erlebtes. Reisen in die Welt.
Herausgegeben von Hermann Haarmann, S. 5–112.
Als Druckvorlage für die Werkedition diente
Alfred Kerr: Gesammelte Schriften in zwei Reihen.
Zweite Reihe: Die Welt im Licht. 2 Bände.
S. Fischer Verlag, Berlin 1920.

Veröffentlicht im Fischer Taschenbuch Verlag GmbH,
Frankfurt am Main, September 2000

Lizenzausgabe mit Genehmigung
des S. Fischer Verlags, Frankfurt am Main
© Argon Verlag GmbH 1989
Druck und Bindung: Clausen & Bosse, Leck
Printed in Germany
ISBN 3-596-14808-1

Paris

Der Abend in St.-Germain

I.

Ich kam zum ersten Mal nach Paris im Anfang des Monats Juni und blieb dort acht Wochen.

In St.-Germain bei Paris war eine Vorstellung angekündigt worden. Schauspieler und Musiker sollten dort, Sonntag abend, im Freien auftreten. Madame Dufresne vom Odeontheater war das Herz des Unternehmens. Ich beschloß, hinzufahren. Zu ihren Schülerinnen, welche mitwirken durften, gehörte eine Bürgerstochter, Fräulein Blanche R., siebzehn Jahre, Gesichtsfarbe von feinster Mattheit, dabei gesundes Blut durchleuchtend, fast unwahrscheinliche Augen, schmiegsam bewegtes Geblüt. Sie verkehrte längst in der Familie meines Hauswirts, als Nachbarskind. Bei der Vermählung seiner Octavie war sie Kranzeljungfer. Sie kam alle Abende mit ihrer Mutter an die Seine, die vor unsrem Hause floß. Auf zehn, zwölf Stühlen plauderte die Nachbarschaft im Anblick der wandernden und festen Schiffslichter, der roten und der blauen, gegenüber von steilen Uferplatanen, die grün durch das Dunkel leuchteten, während links und rechts über steinerne Brücken der abendliche Verkehr der Zauberstadt wie in ersterbender Ferne flutete.

Ihr Vater war Pilot auf der Seine, führte die Schiffe von Paris in die Normandie. Er kam bloß zweimal in der Woche nach Haus.

II.

Ich war, die ganze Zeit über, viel mit diesem entzückenden Mädel zusammen. Sie fuhr jeden Tag zur Frau Dufresne vom Odeontheater und wurde für ihren künftigen Beruf so ernst vorbereitet, wie bei uns ein Fräulein zur Lehrerinnenprüfung.

Der Tag erschien. Gegen sieben ging ich in einen Blumenladen des Gerichtsviertels und bestellte dort in aller Hast einen Strauß. Ich hatte gegen Mitternacht eine Verabredung auf dem Gipfel des Märtyrergebirgs oder Montmartre, in der schwebenden und hängenden Stadt der Künstler. Dort oben, wo die Seligkeit den Menschen überschleicht, und er schwankt, ob er in die Höhe nach einem Stern greifen soll, oder lieber in den Abgrund nach den Türmen von Notre-Dame. Ich hoffte, das Theaterspiel vorher hinnehmen zu können. Der Blumenhändler fragte rasch, leise, zugleich zart und bestimmt: für welchen Zweck? Ich: für ein junges Mädchen, die Schauspielerin werden soll und heute mitspielen darf. Er nickte, die Augen schließend: in einer halben Stunde.

III.

Als ich nach einer halben Stunde von ihm fortfuhr, besaß ich einen einzigen Strauß, groß wie ein Kind, ganz aus leuchtenden Rosen, mit berückend melancholischem Gerank, und alles ruhte fest in einer matten feinen weißen Hülle. Es war ein ganz magischer Strauß; ich hatte Not, ihn in den Wagen zu heben.

IV.

Um neun sollte die Vorstellung beginnen. Abenddunkel hatte sich schon über den Ort gelegt, als ich ankam. St.-Germain liegt hoch; und wer zu einer gewissen Stelle des alten Schloßgartens kommt, sieht plötzlich in der Tiefe das grün reizvolle Seinetal mit seiner Wirrnis, mit baumgrün umrankten Inseln, mit feucht umbuschten Ufern. Unter diesem Laub verkriechen sich da unten etliche Ortschaften. Grade noch ein paar Wirtshausgiebel und Landhausdächer werden sichtbar. Alles liegt wie Grillen im Grase; nur zuweilen dringt Musik in die Höh'.

Oben, an diesem Abhang der grünen Hochstadt, wollten die Künstler im Freien spielen, auf der holdesten Landschaftsterrasse. Der Teil des Schloßgartens, in welchem das Theater stand, heißt Pavillon Henri quatre. In dem hängenden Garten, durch Balustraden von der Tiefe getrennt, liegt ein kleines Haus, ein Wirtshaus von himmlisch erlesener Art. Ich fragte nach den Künstlern. Man bat mich, zwei Treppen in die Tiefe zu steigen; und als ich dort das Haus auf der andren Seite verließ, geriet ich wiederum in einen tieferen Garten. Vor mir stand die Rückseite der Bühne. Man führte mich durch den Künstlereingang, mein Strauß knisterte, und im Halbdunkel sah ich Frau Dufresne vom Odeontheater mit ihren Schauspielern und den Musikern stehn. Eine einzige Kerze brannte. Fräulein Blanche, wie so oft in Musselin, hörte denen zu, und ihr Kleid raschelte, als sie sich jetzt umsah. Ich gab ihr den Strauß. Dann ging ich sogleich durch die Schattengestalten der Schauspieler nach vorn, kletterte über die Bühne und sprang in den nächsten tiefer gelegenen Garten. Dort saßen die Hörer.

Es waren nicht viele. Vier Reihen Gartenstühle hatte man aufgestellt. Frau R., die Mutter von Blanche, lud mich neben sich auf einen Stuhl in der ersten Reihe. Es lag eine Zauberstimmung über dem Platz. Unten tauchten nächtlich die Landstädtchen und Weiler des Seinetals wie in tiefer Ferne auf, die ganze weite, von der Dunkelheit umküßte Ebene lag beglänzt auf dem Grunde, vom gestirnten Himmel in freundlicher Finsternis überschienen. Oben in den tieferen und höheren Schwebegärten um das Wirtshaus saßen im Dunkel an kleinen Tischen leise Gruppen von schmausenden Damen und Herren; Sommergästen aus Paris, voll stiller, zarter Eleganz; auf jedem der Tische standen Windlichter, wie Glühwürmer leuchtend, weil das Glas um die Kerze mit einem grünlich-gleißenden Schirmchen umsteckt war. Es war kaum ein Gesumm der Stimmen wahrzunehmen, eher ein Geflüster. Manchmal, bei diesem Schmaus zwischen Tal und Himmel, schlug ein Messer auf das Porzellan, ein paar französische Worte drangen durch die Julinacht. So saßen wir Zuschauer im Dunkeln auf den Gartenstühlen, die Glühwurm-Windlichter flimmerten seitwärts, und vor uns hell, in freier Luft, ohne herabgelassene Gardine, wuchs das leichte Theaterchen aus dem Garten, das man am nächtlichen Abhang zu flüchtigem Gebrauch gezimmert hatte. In der zweiten Reihe saß eine junge Frau — oder war es ein Mädchen — mit ihrer Familie; blaß, dunkle Augen; neben ihr die

Mutter. Der Mann oder Bräutigam sprach auf sie ein, während sie tief im Gartenstuhl zurücklehnte; sie war wundersam gekleidet, ein leiser Duft, peau d'Espagne, kam herüber. Sie sprachen diese leise Sprache, die in der Umgangsrede unvergeßlich wird.

V.

Neun Uhr war längst vorbei, und die Vorstellung begann nicht. Die Künstler, sagte Frau R., wollten warten, bis die Essenden sich entschließen würden, Platz zu nehmen. Sie hatten keine Eile. Wir saßen still da, hörten das leise Sprechen und sahen auf der Bühne die Schatten der Schauspieler. In der Ferne des Flußtals, über dem Ort Bougival, wurde ein Feuerwerk abgebrannt. Von Zeit zu Zeit stieg eine Rakete in die Luft und zerstob. Die Mutter wurde ungeduldig. Ein paar Zuschauer gingen an die Balustrade des hängenden Gartens und sahen in die ferne Tiefe nach dem Feuerwerk.

Ich blickte hinab ins Dunkel, ein bißchen geblendet vom hellen Theater. Mir war es, als flöge die Jugend durch diese Nacht, umwittert vom Duft der Blume Jelängerjelieber.

VI.

Im Hintergrund, durch eine Tür der hellen Bühne sichtbar, standen immer noch die Schauspieler. Sie besprachen sich in der Dämmerung. Nach einer Weile trat Fräulein Blanche aus ihrer Gruppe, schlüpfte schräg über die offene Szene, stieg die Stufen in unsren Garten hinab, im zarten Kleid aus Musselin, in dem sie spielen sollte.

Sie kam zu uns, suchte zu beschwichtigen. Mit einem Hinweis auf die Blumen — es waren damals die ersten, die ich ihr schenkte — sprach sie: »Ah, mais non! ne faites plus de ces folies! non-non-non!« Sie war beglückt mitten im Lampenfieber, und ihr liebes Gesicht strahlte feiner. Sie stellte sich vor mich hin, und während sie zur Mutter redete, gestikulierend, stieß sie mich mit dem Fuß heimlich zwei-, drei-, viermal an meinen linken Stiefel. Ihr Kleid raschelte. Da ich fragte, wie ein Musselinkleid so rascheln könne, sprach sie leuchtend: »Aber sehn Sie — es ist auf Seide gearbeitet.«

8

Als sie dann verschwunden war, überlegte ich, daß ich fort mußte. Ich sah auf die Uhr. Zehn Uhr dreizehn ging mein letzter Zug, wenn ich vor Mitternacht noch auf Montmartre sein wollte — auf dem Kamm der steilen Straße Tholozé, wo über Weingärten und Baumwipfeln eine verwitterte morsche Mühle steht, die Pilzmühle, in deren Mondschatten die kleinen Mädchen aus der Nähstube auf erleuchteter Diele tanzen. Zehn Uhr dreizehn — ich hatte noch grade Zeit, am Lazarusbahnhof in Paris ein Gefährt zu nehmen und hinauf in die geliebte Bergstadt zu jagen. Ich nahm Abschied. Die Mutter wollte mich halten, doch meine Sinne und meine Seele waren schon auf dem Märtyrergebirg.

Es stiegen noch blaue Leuchtkugeln aus dem abendlichen Paradies über Bougival in die Luft. Sie platzten und fuhren schimmernd nieder. Ich kletterte durch die verschiedenen Schwebegärten und war bald im Dunkel auf dem Wege zum Bahnhof. Und so reist' ich ab, ehe die Vorstellung begonnen hatte.

Dies war das Theater von St.-Germain.

Ich möchte nicht paradox sein. Aber es ist die reine Wahrheit, und ich sage sie bei meiner Seelen Seligkeit: daß von allen Theaterabenden, die ich in Frankreich erlebt, dieser der wundersamste gewesen ist.

Der Garten Luxembourg

I.

Die Tage fliehen ... es ist wieder am herrlichsten, ganz planlos herumzugehn.

Dieser Gasthof liegt ziemlich in der Mitte zwischen zwei Gärten, will sagen: der luxemburgische Garten ist nicht viel weiter ab von ihm als der Garten des Tuilerienschlosses.

II.

Eines Abends (denn es zieht mein Herz ja doch nach dem Studentenviertel, wo ich seltsame Wochen einstmals verlebt) saß ich lange Zeit auf einer Bank im luxemburgischen Garten, die Stunde bleibt mir im Gedächtnis, weil alle Leute von einer so verdämmernd leisen Heiterkeit schienen.

... Die Kinder spielten das Luftspiel diabolo. Das kreiselförmige Ding, von einer Schnur zwischen zwei Stäben emporgeschnellt ... und wieder aufgefangen. Hundert reizvolle Jöhren, in Gesundheit leuchtend, hatten das eine Zeitlang getrieben — bis sie allmählich von sorglichen Großvätern, schlicht-strahlenden Kinderfräuleins nach Haus geführt wurden, eine nach der andern.

III.

Bloß ein kleines Mädchen, vielleicht acht Jahr, blieb mit einem alten Herrn und einer jungen Dame noch auf dem Platz im Bezirk der glückschwer sich neigenden Riesenbäume. Es war ein bißchen Regen gefallen, der Boden dampfte. Die Jöhre warf den diabolo in die Luft — mit einer köstlichen Kraft; fing ihn mit lachender Geschicktheit auf, daß die Erwachsenen, die Studenten mit den Büchern unter dem Arm, die Gelehrten, die einen Abendgang taten, die Maler, die im Nachbarviertel der Sternwarte hausen, und die Privatleute, worunter so viele Liebespaare sind, stehn blieben und der Kleinen, die selbst ein diabolo war, zusahen ...

Und als auch sie weggeführt wurde, spielten im letzten Dämmerschein die Erwachsenen. Auch sie führten solche Kreisel bei sich. Und immer warf ein Mann den diabolo einem Mädchen zu; dann warf sie ihn zurück.

IV.

Die Farbe der Luft war ein Mittelding vom Grün der Bäume und vom Abschiedshauch des Tages. Und rings um den Garten, der schon halb in Gutenachtstimmung war, lagen die abendlichen Häuserreihen, erleuchtet, denn der grüne Riesenplatz des Friedens liegt ja mitten in der Stadt, in einem bewegten Viertel mit Lichtern, das hundert Studentengasthäuser birgt; draußen, am fernen Zaun, waren die Lichter in den Eßstuben angezündet, aber der Garten sank und sank tiefer in Heimlichkeit, man hörte die lachenden Worte der Werfenden, deren Umriß hell sichtbar blieb, man vernahm den unnennbar heiteren Laut dieser holden Spießersprache. Bis auch die letzten froh und still nach Hause gingen; der Garten wird geschlossen.

V.

Ich zog mit hinaus und speiste vor dem Gitter zur Nacht im Wirtshaus d'Harcourt — und durch das erleuchtete Dunkel der Straße drang ein grüner Schein von Stocklaternen, die junge Menschen trugen.

... Im Wirtshaus schrien die Stimmen, klapperten die Teller, die Kellner eilten. Zwischendurch saß neben einem Nachtesser ein schwarzäugiges Mädel, hold angezogen, mit einer Stumpfnase über dem blühenden Mund ...

(Aus Toulouse? ...)

Die selige Stadt

I.

Den Dingen, die man hier sieht, hört, fühlt, ist es schwer standzuhalten. Sie reißen fort; ihr Taumel zeugt bei manchem eine besondre Form des Wahnsinns.

Andre, von gefestigterem Herzen, sehn die Stadt wieder, nachdem sie einmal hier geweilt, und plötzlich überkommt sie das alte stürmische Entzücken, wenn gegen Abend die violetten und roten Lichter auf dem Fluß zwischen gequaderten Mauern und noch taggrünen Platanen funkeln; wenn der herrlich verwitterte Sankt-Jakobsturm in die dämmernde Luft als ein schwarzer Schatten steigt; wenn das gebändigte Riesenschloß des Louvre im Schweigen liegt; wenn die Kirchhöfe mit zauberischem Totengebirg, mit ihrer Wildnis an hängenden Bäumen und wirrem Gerank verschlossen sind, auf steinernen Brücken hunderttausend Stimmen schwirren, in allen Häusern manches erinnerungstiefen Stadtviertels die Lichter angezündet werden; wenn unter den Frühlingsblüten des Luxemburgischen Gartens ein Dichter auf dem Sockel träumt, wenn Bonaparte mit der Düsternis des Himmels einsam auf der hohen Säule verschwimmt — und in den großen Hauptstraßen der Glanz aufflammt.

II.

Da wird man von einem Lebensgefühl emporgetragen, das gewaltiger redet als an irgendeiner Stätte dieser Welt.

Nicht bloß weil die Stadt so schön ist, ein steinernes Zauberbild mit Wohnungen am Ufer, Wohnungen auf dem Gebirg, mit allem was dazwischenliegt an Türmen, Brücken, alten Bäumen, grauen Häusern; nicht bloß, weil auf allen Straßen zu dieser Stunde geschmaust wird, weil in jedem Winkel witzige Kunst leuchtet, weil schwarzäugige Mädel von zarten Sitten und selbstverständlicher Liebesfreiheit die Gefährtinnen der holden Magie werden, weil jede Nachricht vom Weltgetrieb gleich öffentlich verkündet wird, weil alles flutet, berückt, still erglänzt. Das allein ist es nicht. Paris ist so schön: weil man alle Dinge, die einen wirklich bewegen, hier sagen kann. Weil man in dieser Stadt größere Lust bekommt, die wahrhaften Dinge auszusprechen.

Als der Dithmarse Hebbel von Paris fortging, schrieb er in sein Tagebuch: »Blühe länger als alle Städte der Welt zusammengenommen!«

— — — — — — — — — — — — — — — — —

Nachschrift. Es schien mir, 1901, wenig Hoffnung darauf. Ich wollte damals der Stadt, der unnennbarherrlichen, ein Grabmal schreiben. Einen Strahlenschimmer bannen des Lichts, das über ihr lag, unsterblich, unvergeßbar.

Da kam die große Neuschichtung: der Weltkrieg; der ihre Lebensfrist mehrt — (wenn auch nicht ihre Lebenskraft.)

Wir waren siebzig, sie nur vierzig Millionen. An Toten haben beide fast gleichviel. Die Sieger sind besiegter als die Besiegten.

. . . .

Und ich empfinde den Schmerz darüber so stark wie den Schmerz um eignen Verlust. Wie den tiefen Schmerz um den Aderlaß der Heimat. Eine Weltminderung; hier wie dort.

Rüde Schurken und verantwortungslose Trottel (die stets über »zersetzenden« Einfluß klagten!!) haben zwei solche Völker zu geistesschwachem Mord gepeitscht.

Ins Gesicht spucken soll man ihnen, öffentlich; jeder der will; der Reihe nach: dem ehrlosen Prahlgesindel dieser spät Entafften.

Ins Gesicht spucken; öffentlich; jeder der will.

Ewiger Glanz

I.

Ganz nordisch kommt mir diesmal die Stadt vor. Nach den weißen Mauern Afrikas — diese grauen Steingebäude mit den schwarzen Gitterbalkons! An das Grün der Bäume, der Ufer-Platanen, der Wiesen, der Büsche muß man sich diesmal erst gewöhnen. Ein Araber, der zum ersten Mal hier durch die Straßen geht, meint sich nach Thule versetzt. Die Stadt ist, diesmal auch für mich, ein Glanz des Nordens.

II.

Sie bleibt mit jedem Himmel die schönste der menschlichen Siedelungen. Nirgends kriegt man sonst ein so stilles Gefühl von Dankbarkeit für das, was an Verwogenem und Schönem auf der Welt lebt. Nirgends beides so verschlungen: vollspendend heitere Natur ... und eine wundersam gegliederte Arbeit starker Seelen, tief eingedenk, neben der Kraft ihrer im Feuer geborenen Werke für Anmut Raum zu schaffen. Es geht von dieser Stadt (die schmucklos ist im Verhältnis zu manchem schreienden Ort) besänftigende Gemütlichkeit aus.

Die Franzosen haben kein Wort für den Begriff Gemütlichkeit — ihre größte Stadt ist voll von ihr ...

Was Ihr meistens über die Stadt lest, ist Provinzialengewäsch; oder Schwindel.

III.

Ich weiß, daß hier jeden Morgen hunderttausend Künstler mit mir aufstehn ... Jeder Dienstmann, jeder Droschken-

kutscher, jeder Schaffner, jeder Lump von Althändler, jeder Hausknecht hat eine (verhältnismäßig) geschliffene Seele ...
Die Völker sind manchmal nett, wenn sie vor dem Untergang stehn.

IV.

Ich trete hinaus auf den Balkon meines Gasthofzimmers, das an den lieben Ufern der Seine liegt, an den steinernen Staden, schrägüber von steinernen Brücken, mit lebenslieblichstem Getümmel. Unter mir die vielhundert Kästen der Schwartenhändler. Alte Stiche, neue Bilder, Seltenheiten, Kunst ... Kleine flinke Schiffchen fahren den Fluß hinauf, hinab, niemand flucht, kein Stoßgedräng', sie haben sich an die Dinge schon gewöhnt, wissen sie mit leisem Takt ohne viel Aufhebens zu benutzen — und ein Wohlgefühl durchbebt die ganze Menschenniederlassung.

V.

Heiteres Behagen in der Luft. Sogar die Hunde (nicht lachen!) sind hier behaglich-heiterer. Niemand neckt sie scharf — darum bellen sie nicht so; sind nicht so kriegerisch. Vielleicht auch, weil sie besseres Futter im reichen Lande des guten Essens schlingen ... Die Jagdhunde wie die putzigen vierschrötig-torkelnden Bulldoggen (von den Pinschern schweig' ich), alle machen einen recht lebensheiter-befriedigten, manche gar einen seligen Eindruck. Haben Recht.
Nicht lachen! Auch in Bayern sind die Hunde zärtlicher als in Preußen; und vergnügter. Wer einmal im Orient gewesen ist, der weiß: wie das Verhalten des Volks auf das Verhalten der Hunde wirkt. Dort werden sie gar als heilig angesehn, niemand tut ihnen was — und die, der Größe nach, erschrecklichsten Köter sind von staunenswert stiller Sanftmut im Morgenland ...

VI.

Auf diesem Balkon über dem Fluß mit den steinernen Seligkeitsbrücken hat Oscar Wilde vor einer Handvoll Jahren gestanden — »als er's Licht noch sah«. Hier, im selben Gasthof, hat er lange gewohnt. In seinen mittleren Zeiten; gestorben ist er höher hinauf, nach Montmartre zu.

Ich fragte gestern die Wirtin, eine große muntere Gallierfrau, nach ihm. Sie weiß davon, denn jeder Mensch ist hier neben dem Hauptberuf ein Stück Literat, Artist, Liebhaber, alle hegen den Respekt vor der holden Kunst.

Weiß davon, aber gekannt hat sie ihn nicht, damals besaß ihre Schwester den Gasthof — genau kann sie nicht sagen, ob er mein Zimmer bewohnt hat … Doch derselbe Blick, dieselben Fenster haben einen Gepeitschten, Verstoßenen getröstet.

Er mag sich an den steinernen Brücken, am Grün der Uferbäume, am nächtlichen Funkeln purpurner Flußlichter die Seele vollgeschöpft haben. —

VII.

Sie steigt die Treppe hinauf; sagt etwas zu dem Hausmann, einem Auvergnaten; er geht in den Keller, nach Wein. Durch den Flur, durch die Räume zieht ein unbestimmtes Etwas, am Vormittag. Hier … und auf den Straßen, und über den Wassern, und in der Luft, und in den Kleidern, und über den Köpfen. Es sind unfeierliche Dinge, Alltagsdinge, Dinge der Gemütlichkeit.

VIII.

Nein, Menschheitsdinge sind es — und ewiger Glanz.

Winterfrühling

I.

Ich rate jedem, der sich schlecht fühlt, eine Reise nach dieser Stadt zu machen. Weil das allgemeine Befinden, weil das Glücksgefühl dort gehoben wird.

Eine Reise solcher Art ist sehr zu empfehlen; mitten im Winter; für wenige Tage; plötzlich.

Ohne jemandem was mitzuteilen, steigt man in die Bahn, nachdem man im Zustande der Erleuchtung ein paar Sachen in den Koffer geschmettert hat.

Es ist sehr schön, mitten im Winter von Mittwoch bis Freitag in Paris zu sein.

II.

Man fährt los, es wird sommerlicher. Bei der Ankunft glaubt man (wenn man Glück hat) in ein Frühlingsland zu kommen.

Lüfte mit seltsam belebender Lust wehen aus dem kleinen Abgrund, in dem die Häuserchen und Gärtchen liegen, hinauf zur Terrasse von Meudon.

Drüben, jenseits, von bläulichem Duft umschmiegt, lagert die ungeheure Stadt mit allem, was sie an Menschenträumen, Paradies, Wünschelsternen, Sonnengunst, Schicksalswundern, Alltagsmärchen in sich hält. Etliches liegt noch hinter dem, was du schaust: das Riesenrad, der Eiffelturm, der Invalidendom (wo Bonaparte schläft), die große Kirche Unserer Lieben Frau — sie ragen über das schöne, graue Gewühl der Häuser in den unternehmend-frohen Himmel, und wieder jenseits, hinter allem, blickt der auf dem Kamm des Märtyrergebirgs hingelagerte Teil und die Häuser, die an der Seitenwand kleben, niederwärts auf die einzige Stadt ... mit aller Wirrsalwonne, mit aller Magie des Lebens und Sterbens; mit ihrer Einzigkeit.

III.

Und am Abend sitzt man in der Stadt selber, zurückgetragen von einer Traumwoge. Lichter sänftigen, Stimmen beglücken, Schatten grüßen, Feen leuchten, die Gloria singt, die Ewigkeit, im Zeitlichen, rauscht.

IV.

... Ich rate jedem, der sich schlecht fühlt, eine Reise nach dieser Stadt zu machen. Weil das allgemeine Befinden oder Menschenglücksgefühl dort gehoben wird. Im tiefsten Winter. Von Mittwoch bis Freitag.

Das gläserne Schloß

I.

Man klettert auf das Verdeck des Bahnwaggons, wo allerhand Bänke sind. (Kannst auch unten einsteigen.) Hiernach saust man dahin; turnt an der Porte Maillot de Neuilly niederwärts; befindet sich mitten im Bois de Boulogne. Schlaglichter. Nächtliche Schatten. Es ist kühl und wunderbar.

II.

Dunkel der grünen Engpässe. Autos mit zwei Menschen und seltsamen Lichtern. Jäh vorüber. Radfahrer fliegen durch die Nacht, phosphoreszierend-grünliche Papierlaterne am Lenksteg; als ob Leuchtkäfer dahinschössen.

Kutschen. Die Insassinnen flitzen vorüber; die Nase behält ein Erinnern, in aller Eile; wieder peau d'Espagne? ein Duft wie ein verschwebtes Gedenken. Die Ahnung von etwas Leichtem; leichtes Auffliegen zarter Spitzen; Seidenband; das eine schlanke, nicht zusammengepreßte Taille umgibt; Wippen eines durchtrieben-holden einfachen Strohhuts; — und ein paar Worte wie ferne Walzermusik.

III.

Der Pavillon d'Armenonville liegt an einem Hang, inmitten junigrüner Bäume. Ziemlich versteckt. Im Gehölz. Die Lichter und Lampeln dieses leis glänzenden Wirtshauses strahlen über das stille Wasser, auf dessen verschollener, dennoch klarer Fläche Ranken und Blätter schwimmen. Um Mitternacht sitzen in dem gläsernen Haus die feinsten Bilder; in Gewändern aus Spinnweb. Mit Tropfen beglänzt.

Schlucken was gut und teuer ist an Speisen, die auf der Zunge schmelzen. Feingefühl des Gaumens.

Unter den Bäumen, welche das Glasschloß umgeben, sitzen andre, schlürfen oder saugen aus Strohstengelchen Kühlendes.

Man sieht hierbei Licht und Lämplein im still nächtlichen Gewässer sich spiegeln; dahinter sommerliche Finsternis, die

17

verschwimmt, alles einhüllt; und hinter ihr scheint die Welt ein Ende zu haben … Es ist aber nicht so — denn hinter ihr beginnt erst die Stadt Paris.

IV.

Um Mitternacht fährt Kutsche nach Kutsche vor. Die Damen barhäuptig, in Balltracht. Mailcoaches. Ein alt-englisches Bild. Im Mondenschein fahren sie zwischen dem stillen Gewässer und dem Pavillon entlang, hoch sitzen zwei, drei Damen, in grauen, tiefausgeschnittenen Kleidern; in fliegend rosa Gewändern (aus Spinnweb). Haben die Nachtluft oben voll geschlürft — und ließen sie um die Wangen ziehn.

Herren springen heraus. Aber ach — das birkene Gestell, welches das Wirtshaus zur Verfügung hat, ist fern. Ein Herr faßt an der Seite Posto, wo die Treppe des Wagens aufhört, nimmt eine nach der andern in den Arm, schwingt sie herunter. Alles leicht. Es fällt niemandem ein, darüber zu lachen. Die Damen lächeln bloß. Dann hinein, in das gläserne Häuschen.

V.

Kutschen fahren leise, langsam in der Nacht vor. Gestalten. Düfte. Leise Musik … Zwischendurch mit leiser Stimme: »Garçon, l'addition s'il vous plaît«.

Geigen … Kleiderrauschen … »L'addition, s'il vous plaît« … Wagenräder rollen langsam …

— — — — — — — — — — — — — — — —

Die Gesandten

I.

In der Nähe dieses Lichtschlosses, doch nach der Stadt zu liegt das Brettl »Zu den Gesandten« inmitten grüner Bäume. Dort singt Yvette Guilbert.

Sie steht auf einem griechischen Theaterchen, unter freiem Himmel. Die Hörer sitzen auf Bänkchen unter grünen Blumen. Sie singt. Schwalben schießen auf und nieder, zwischen den Hörern und dem Theaterchen. Abendmilde Lüfte wehn. Sie singt den feinsten Geist, den zarten Witz, hernach wächst sie übermenschlich zu höllenhafter Größe. Schwalben schießen vorbei; die Hörer blicken nach ihr, im Lichterglanz. Zweiundzwanzig Liedsänger treten auf, einer nach dem andern. Kein Athlet kommt und kein dressiertes Schwein. Die Leute plaudern und horchen. Der Geist weht.

(Doch wer zu London sitzt, im Empire-Theater, sieht Athleten und Schweine.)

II.

Und ich sprach von alledem schon im vierten Band meiner Schriften. Von den Empörungen und Wonnen solcher Lieder; von Kampfgesängen, Lebensgesängen; von Kot und Glorie; von Blutaufreizendem, Athenischem — von Menschlichem. Lest es nach ... hier ist kein Platz für Literatur.

III.

»Dies Volk ist im Untergang; doch vorher soll es dreimal gesegnet sein.« So sprach ich dort. Das Ende des Weltkriegs, »günstig« für Frankreich, ist kein Grund den Segen zu widerrufen ... noch den Untergang zu bezweifeln.

Deutschland liegt todwund. Beide Völker jedoch erinnern mich an zwei Hähne — deren Kampf in Sevilla gezeigt wird: auch dem Sieger ist bestimmt, kurz darauf geschlachtet zu werden.

Die Totenkammer

I.

Die Totenkammer liegt nicht weit von Notre-Dame, bequem am Weg — in dieser Stadt des Lebens und des Sterbens. Jeder kann im Vorübergehn für einen Augenblick hinein, wenn er lustig ist; steht alles offen.

Zuerst glaubt man, im Wachskabinett zu sein. Menschen mit frischen Farben (wie geschminkt) liegen mit Kleidern im Schaufenster hinter Glas. Man könnte sie für schlafend halten; wenn ein Dicker nicht eine Schußwunde; wenn ein Frauchen nicht das Antlitz einer Strangulierten hätte.

II.

Verwirrt fragt man den Wärter: »Es sind wohl doch Kunstfiguren — aus Wachs?«

Sind nicht aus Wachs. Künstlich gefroren. Hinter der Scheibe liegen sie in Eisluft, die lange frischhält.

Auf steinernen Wandtafeln wird jeder gebeten, wenn er einen der Leichname kennt, Angaben zu machen. Kosten soll er nicht haben.

Draußen vorn stehn die Worte »Fraternité. Liberté. Égalité«. Wie auf den öffentlichen Gebäuden sonst; selbst auf der Kirche Notre-Dame.

Die liberté hat keinen Wert mehr, die fraternité kann man nicht äußern.

Aber die égalité stimmt.

Gräber

I.

... und nachdem ich ein Weibsbild zwei Tage betrauert hatte, begrub ich ihr Angedenken; ich zerriß die deutschen Telegramme, worin sie schwindelte, nahm eine helle Krawatte, und ging durch die Straßen dieser Stadt. Es war 1899.

Ich las zum ersten Mal jenes Gedicht von Henry Becque, das einzige: »Il n'y a rien qui me la rappelle ...« Es umschließt den ganzen Fall. Es liegt hierin Elend und Seligkeit, Wildes und Heiliges der Adamskinder, das schlafende Mondlicht und der schmerzvolle Sonnenbrand, es ist ein Kampf zwischen Cherubim und Harpyien, es birgt Asche und Lohe, Abgestorbenes und Fieberhaftes, Glorie und Schmach, Blumen und Mist, Wurstigkeit und Liebe, Sehnsucht und Verachtung.

Mögest Du glücklich werden, hol Dich der Teufel.

II.

Denkwürdig sind hier die Gräber. Eines liegt unten, wie in einem weiten, weißen Brunnenschacht aus Marmor. Im goldnen Licht eines Doms. Goldnes Licht fällt durch goldgefärbte Fensterscheiben im Hintergrund.

Es fällt nicht in seinen marmorn runden Schacht.

Schlachtengöttinnen, zwölf Stück, aus Marmor, blicken unten auf seinen Porphyrsarkophag. Manche schaut düster; der Dämon schläft, ohne zu schnarchen, den ehernen Schlummer in ihrer kalten Hut.

Wir in Deutschland sehn ihn als Dämon. In Frankreich, auf Bildern und Statuen, sieht man ihn häufiger als Artillerieoffizier.

Nicht die bleiche Titanenmaske.

In Versailles auf manchem Schlachtenbild von Vernet blickt Napoleon wieder nicht cäsarenstarr, sondern wie ein nervöser kleiner Offizier. In Frankreich hat man Taine gelesen; die Briefwechsel; man weiß, daß Bonaparte menschliche Eifersuchtsqualen, erst um Josephine Beauharnais, litt, dann um Marie Louise; daß er sich in Pein an den Pyramiden verzehrte, dann als Weltherrscher noch einmal.

(In Cherbourg höchstens, der Kleinstadt, ist er als heroischer Komödiant in Bronze gegossen. Sitzt auf dem Roß; streckt als lebendes Bild die Hand aus, während am Sockel die Worte stehn: »Ich beschloß, die Wunder Ägyptens in Cherbourg zu erneuern.«)

III.

Fern vom Invalidendom ruht im Schatten einer Weide Alfred de Musset. Freunde haben sie gepflanzt. Seine bekanntesten Verse wünschten es ja:

> Mes chers amis, quand je mourrai
> Plantez un saule au cimetière ...

So setzten sie eine hin; eine schlanke, zarte, hellgrüne. Sie senkt ihre Blätter selig zu ihm — und will nicht altern.

Dieser Friedhof hat Tiefen und Gebirge. Auf einem Gipfel sah ich im Schein der Abendsonne das Grab Ludwig Börnes. Der stille Stein blickt in das grüne Totental. Ein Schimmer von Entsagung umhüllt hier die schlichteste der schlichten Stätten. Ludwig Börnes asketisch reine Seele — von der Wirklichkeit entfernt, wie eines Mathematikers — ruht nach vergeblichen Kämpfen aus. Vergeblichen? Wenn seine Augen, vom Totengebirge herab, heut noch sähen! Ein glühend reiner Abgesandter war er; ein tapfrer Heiliger für die Gerechtigkeit; der mit Engelszungen sprach; den die Flammen des eignen zitternden Herzens töteten.

Franzosen haben ihm den Denkstein gesetzt. Jünglingshaft verschönt blickt sein gramschweres Gesicht aus der Gruftwand. Vögel singen in verschlungenen Bäumen dieses Gebirgs.

IV.
Im Vorbeischreiten zog ich vor jedem Freunde den Hut. Nicht weitab lag Chopin. Der Sänger Béranger. Der tote Molière, neben Lafontaine; er schläft wie auf einem Podium. Ich ging an Racine vorbei. Lachte dem Figarodichter Beaumarchais zu. Stand vor Balzacs Denksäule.

Eine bergige Totenstadt.

V.
Unten, vom Stein der Rachel wenig entfernt, ragt zweier Liebenden Grabmal: des Abälard und der Heloise. Er war als junger Mönch ihr Lehrer, sie gebar ihm ein Kind. In Klöstern brachten sie den Rest des Lebens zu; durch den Raum getrennt, für die Ewigkeit vereint.

Wundervoll, daß man ihren gemeinsamen Sarkophag hierher schaffen ließ in die Hauptstadt der Franzosen. Wie ein hoher steinerner Baldachin strebt jetzo das alte Grabmal in die Friedhofsluft; den Sarg hat Abälard zur Lebzeit meißeln lassen ... Blumen ringsum, rote, selige. Ein steinernes Hündchen schläft zu den Füßen des Mönchs.

Man schaut Abälards und der Geliebten Züge. Sie muß ein einfaches, reizendes Mädel gewesen sein — vor tausend Jahren. Holde Wildnis eines uralten Gartens umschlingt den Platz; Äste, Ranken durchwinden einander in der Luft; von oben blickt das Totengebirg, und aus der Erde sprießen Juniblumen.

VI.

Auf dem Märtyrerberg schläft Heinrich Heine. Am Abend kam ich in Paris an; am nächsten Morgen fuhr ich gleich an dieses Grab.

Die Pariser Kirchhöfe sind wirklich Totenstädte: mit gepflasterten Straßen. Der Dichter liegt nicht weit von einer Hauptstraße. Vorn am Gitter ist jene bekannte kleine Schale für Namenskarten der Besucher. Vielmehr ein Körbchen. Es war ganz gefüllt. Parisfahrer aus allen Ländern dieser Erde lassen ihre Karte bei dem Verstorbenen. In fremden Sprachen stand hie und da ein Wort stürmischer Liebe.

Zwei Bäume von den Nachbargräbern, neigen sich über dies Grab, greifen mit den Ästen ineinander.

Auf den Straßen von Paris werden Rosen verkauft. In diesen Junitagen erheben sich ganze Wände von Rosen über den Handwägelchen der Verkäufer, jede Arbeiterin kauft sich für zehn centimes einen dicken Strauß wundersamer Rosen. Solche Rosen brachten wir ihm mit, Rosen von der Straße. Ich breitete sie zu seinen Füßen hin; sie leuchteten durch die Ranken.

VII.

Eine Seite aus dem Tagebuch von Paris, wie wenig sagt sie. Dies Tagebuch enthält aber an Seiten tausend und drei. Fast liebt man die Toten dieser Stadt mehr als ihre Lebenden. Was hier lebt, ist noch voll von altem, unergründlichem Zauber, heute noch, in fünfzig Jahren nicht mehr vielleicht, wenn Anglisierung und Amerikanisierung vollzogen ist.

Noch fühlt man Athenisches, noch im letzten schmucklosen Mädel auf der Straße, wenn sie mit leiser, bescheidner Grazie was fragt. Noch bei den elenden, bezahlten Tänzerinnen, wenn sie ihre Glieder tummeln. Noch bei den kleinen Kröten aus der Nähstube, wenn sie bei Bullier lebensheiß im Walzer schwimmen. Ein Duft aus einer Welt, die versinken muß. Es soll hier kein »Gemüt« geben. Wirklich? Doch in der holden Sphäre heitren Tageslichts, in diesem menschlichen, zarten Lebenszauber finden sich Tröstungen, die anderswo die Sterne versagen.

Und ehe diese Welt scheidet, grüßt man sie noch einmal.

Studentenviertel

I.

Eine Menge Glanz, Wonne, Glück, Frohsinn, erhöhte Daseinslust kann der Mensch hier finden. Eigentümlichkeit dieser Stadt: daß sie Wein in die Seele träuft. Daß man sich sagt: diese Stunden kommen nicht wieder.

II.

Geh am Morgen in jenen Luxemburgischen Garten mit seinen Dichterstatuen, Gewässern, strahlenden Bäumen. Da stehn Maler, malen einen Winkel, in den das Sonnenlicht durch grüne Zweige fällt; Vöglein singen; Frauen sitzen auf den Bänken. Alte Gelehrte. Junge Gelehrte. Es werden neueste Bücher und Flughefte unter leuchtenden Ästen gelesen; wer will, kann Croquet spielen; wer will, kann in die bahnbrechende Bildergalerie der Welt gehn; innerhalb des Gartens. Wer will, kann eine Zigarette rauchen; wer will, kann sein Notizbuch vorziehn, die lieblichsten Einfälle hinschreiben; und wer will, tut gar nichts, sondern atmet bloß. (Ich tue das.)

III.

Am Nachmittag ist hier Musik. Die holden Mädel, die dann zuhören! Viel zarte Wonne; viel stille Lustigkeit! Man denkt (irrig): das kommt nicht wieder.

Und wenn eine gar kein Geld hat, macht sie sich mit ein paar Metern leichten Stoffes doch ein reizendes Gewand zurecht. Steckt mit zehn Stecknadeln ihre paar Lumpen so, daß sie jemand Liebes ist.

IV.

In der Hauptstraße des lateinischen Viertels sind Geschäfte, mit Phantastischem. Verrückteste Krawatten; Hüte von der seltsamsten Form für junge Männer. Doch bei aller Absonderlichkeit wahrt man den leisen Takt. Nirgends ein Rohheitsausbruch.

Das Gejohl im Studentengasthaus tritt nur als Begleitung zu gewissen Orchesterstücken auf. Sobald bestimmte Takte klingen, die beliebt sind, erhebt sich ein Massengesang von Jünglings- und Mädchenstimmen, die nur diese fünf, sechs Takte mitsingen. Nur diese paar Takte. Die Wucht des Mitsingens hängt mit der Witterung zusammen. An diesen zaubervollen, letzten Mai-Abenden war die Stimmung so, daß die alten Türme der Notre-Dame (drüben auf der steinernen Flußinsel) sich gewundert haben, wenn ein Abendhauch den Schall hinübertrug — von den fünf, sechs Takten.

V.

Dann geht das Geräusch weiter. Die Kellner bedienen ohne Geräusch; ohne durch Schwitzen, durch überstürztes Laufen die Gäste unbehaglich zu machen; ohne daß ein »Geschäftsführer« mit geschwollener Stirnader Befehle gibt — und die Singenden, die Gelehrten, die Mädel, die Studenten setzen das Abendessen fort.

Eine Menge Glanz, Wonne, Glückseligkeit, Frohsinn, erhöhte Daseinslust kann der Mensch hier finden. (Gegen acht Uhr.)

Tanzen

I.

Bei Bullier. Studentenball. In der Mitte wandelt ein Dichter oder Künstler auf und ab, dessen Rockschoß die Erde fegt. Unter dem Zylinder wallen Locken vor.

Das Lieblichste, daß eine Seite des Ballraums offen ist. Die vierte Wand fehlt. Immer gute Luft, jeder kann im Freien sein, ohne durch eine Tür zu gehn. Schmeichlerisch die Beleuchtung. Die Gewandfarben strahlen; es scheint die Lebensseligkeit selber zu flimmern. Draußen sind Grotten und Gänge. In den Grotten sitzt man, saugt holde Säfte mit Eis.

II.
Unter den Tänzerinnen in diesem Jahr ist eine sehr anmutvolle. Radfahrerhosen. Drollig geweckter, hübscher Gassenjungenkopf. Sie tanzt wie ein Elferich.

Plötzlich, wenn die Quadrillenpaare vorrücken, sitzt sie auf der Erde, wer weiß, wie sie dahin gekommen ist. Nicht wie ein gewöhnlicher Mensch; mit haarsträubenden Beinverrenkungen; sieht drollig aus. Sie lacht sich halbtot, wirft einem ihrer Bekannten eine Blume ans Monocle, mit einer Affengebärde. Steht jählings aufrecht, tanzt mit, strahlend. Vielleicht achtzehn Jahr' alt.

Die Künstler sind gebannt von ihren Haltungen, Wendungen, Armbewegungen. Von Lebenslust und Tanzenkönnen.

Es ernüchtert Beobachter wenig, daß sie für ihre Anwesenheit besoldet wird. Außer ihr sind noch drei oder vier für die Quadrille gemietet: um Schwung zu bringen ...

III.
Ihre Vorgängerin vor zwei Wintern war die lange Renée. Schlankes, blutjunges, rabenschwarzes Mädel von eigenmächtiger Anmut. Die große Renée fand im langsamen Tanz ihre Stärke. Schien sich kaum vom Fleck zu bewegen ... In dieser Langsamkeit lag solche Sehnsucht, so viel Müdes, ein Rausch der Verlassenheit. Sie hatte wegen »Mein und Dein« fünfzehn Monat gesessen.

Pilzmühle

I.
Ball auf dem Märtyrergebirg; Moulin de la galette. Auf dem höchsten Gipfel, da liegt sie, die alte Mühle mit den Pilzen aus Holz, wo man unter dem gestirnten Abendhimmel

sitzt, über den letzten Häusern, über Baumwipfeln, Kirchen, Brücken, Schlössern, über dem nächtlichen Paris, über der zeitlich-ewigen Stadt mit hunderttausend Lichtern, über dem Fluß.

Habe manches von der Welt gesehn; dies gehört zum Herrlichsten. Bin glücklich, das Lob dieses Tanzbodens zu singen — der zwischen Erd' und Himmel schwebt; besonders bei Mondenschein von tiefem Glanz.

Außerhalb des Tanzraumes liegt die verwitterte Mühle, zu ihr führt eine Treppe hinauf — die Mädel und Männer steigen dahin, wenn sie vom Walzer erhitzt sind, und blicken auf Paris.

Unten in der Stadt entzünden sich die Lichter . . . Wird alles zu einem Fest erleuchtet? . . .

Ja. Zu einem Erdenfest. Jeden Tag.

II.

Drin im Tanzraum schweben ganz andre Mädel als unten, am linken Ufer, bei Bullier. Der Raum ist nur den sechsten Teil so groß wie bei den Studenten. Die Tänzer sind Maler, die auf Montmartre wohnen; Schönheitssucher; Anbeter des Still-Leuchtenden.

Wie entzückend sind, 1899, meistens diese jungen Mädchen, die in Tracht und Haltung mehr Einfachheit zeigen als die Fräuleins bei Bullier. Angezogen wie bei uns junge Töchter aus gut bürgerlichem Hause, die ein Sommerkränzchen mitmachen, hold und schlicht — mit zartestem Geschmack. Kommen nur ohne Papa und Mama, glaubt man . . . Ein Teil sind Modelle; Liebschaft verbindet sie mit Künstlern dieses Viertels. Maler von sechzig Jahren sehn dem Tanze zu; und so ein holdes Mädel wechselt bald mit einem (in Europa berühmten) einen brüderlichen Händedruck.

O zauberhafte, gutartige, leise Lustigkeit der Pariserinnen!

III.

Ein Orchesterchen in der Höhe. Die Namen berühmter Walzerkomponisten sind unter der Decke zu lesen. Geigenrausch. Der zierliche Saal selber scheint zu schweben. Etwas Unbestimmtes umschmiegt den Schwarm.

Nachher steigt man die Stufen hinauf zur alten, morschen Mühle, auf die das Mondlicht fällt. Unten liegt die irdisch-ewige Sadt, die Menschenstadt; unten liegt der stählerne Turm, das Pantheon, die Madeleine, das Louvreschloß, der Invalidendom — und die verrauschende Zeitlichkeit.

Bastillentanz

I.

Mitte Juli. Ich schmore manchmal ein bißchen; schwimme täglich in der Seine (gegen den Strom ist es nicht leicht).

Immer der Hauptgedanke hier: Freut euch des Lebens —.

Das Landesfest am 14ten Juli bedeutet: eine Stadt, die im Freien tanzt.

Zur Feier der Bastillenzerstörung. An diesem Tag errang das Volk sein Recht. Auf der Revolution ist ja das Staatswesen aufgebaut, so tanzen sie zu Ehren einer Gefängniserstürmung ...

II.

Paris hat sehr viel Holzpflaster und Asphalt.

Orchester an vielen Straßenecken. Die Stadt ist beflaggt, nicht wie bei uns mit großen Fahnen, sondern mit einer Unzahl kleiner, die nicht weit im Winde wehn, aber mit kurzen Stöcken reizvoll sind. (Gern haften drei dieser meterlangen Trikoloren zusammen; große Gebäude haben zweihundert, vierhundert Fahnen.) Alles entzückend gemütlich — viel weniger prunkvoll als unendlich heiter. Die Straßen von Paris, auf den Schönheitsblick hin gebaut, haben an jeder Ecke gewissermaßen einen Aussichtspunkt.

III.

Kirchen sind bis hoch auf die Türme mit blauweißroten Fähnchen besteckt. Die schweigsam alte Notre-Dame vorn mit blutrotem Tuch umwickelt. Dazu die erquickenden Bäume fast auf allen Straßen mit ihrem lieben Grün; dazu dieser frohe Himmel; dazu die frisch-holde belebte Seine mit ihren Schiffchen; dazu Rosenverkäufer auf allen Gassen mit Wänden von Blumen auf Handwägelchen; dazu Schaukeln, Süßigkeiten, Fruchteiswagen, Gefährte mit Weintrauben, Melonen; Berge von Erdbeeren, Wälle von Pfirsichen, Aprikosen, frische grüne Mandeln; Nougatverkäufer; dazu Hunderttausende von Stühlen, kleinen Tischen auf Straßen vor Gasthäusern, Kaffeehäusern, mit trinkenden, schmausenden Menschen; — ahnet, wie einem ums Herz ist, wenn in so einer Stadt plötzlich alles zu tanzen anfängt.

IV.

Drei Abende, drei Nächte tanzten sie. Am Abend vorher, am Abend nachher, am Fest selber. Ich werde das nicht vergessen.

Man ist irgendwo, außerhalb von Paris, bricht spät auf, um ein Uhr nachts heimzukehren, und findet um zwei Uhr — zwei Tage nach dem Nationalfest — noch immer die Stadt tanzend. Denn es war ein Sonntag. Sie haben am Abend dieser Festtage jeden Gram versenkt.

Ohne besonders ausgelassen zu sein, ohne zu gröhlen, ohne Rohheit — tanzen, tanzen, tanzen sie. Sehn nicht übermäßig vergnügt aus ... nur gewahrt man kein griesgrämiges Gesicht; es ist ein Volk, das glückliche Feste gefeiert hat in einem reichen Land.

Im lateinischen Viertel, auf der Place de la Sorbonne tanzt bis um vier Uhr morgens alles, alles, alles.

V.

Am Hauptabend flammte die Stadt in Feuer auf.

Feuerwerke viel und Beleuchtungen sah ich in den Städten der sterblichen Menschen. Das Schönste bleibt schon die Beleuchtung des Heidelberger Schlosses. Ein architektonisch gegliederter Brand, der durch die Lüfte fliegt, wenn man es vom Neckar zu sehn das seltene Glück hat.

In Paris? Weniger Lichtwirkungen. Alles nur die letzte feierlich-heitere Ergänzung zum Leben. Nur wie ein Tüpfelchen, auf das schönste aller I's gesetzt.

Schönere Leuchtkugeln gibt es hundertfach, besser platzende Raketen, Feuergarben auch; aber ...

VI.

Aber wenn aus einem Inselchen der Seine die mittleren Raketen und Leuchtkugeln aufsteigen; wenn das ungeheure fast endlose Gebäude des alten edlen Louvreschlosses von Flämmchen umleckt, umlodert ist; wenn vor dem Stadthaus, wo die Guillotine gräßlich stand, ein rötliches Flimmern über die Menge webt; wenn die große Oper, eine Riesenkrone, gleißt; wenn am nächtlichen Seinefluß die Bäume durch rotleuchtende Ballons, mit deren Blutfarbe sich das strahlfrische Grün mischt, einen einzigen unbeschreiblichen Zauberwald bilden; wenn drumherum, in Ferne und Nähe, Mannsleute mit Frauenbildern, so Gott in einer guten Laune schuf, tanzen, tanzen, tanzen — —
Ich vergesse das nicht.

Pariserinnen sind kokett

I.

Pariser Frauen und Mädel stellt sich ein durch Zeitungstrottel irregeführter Deutscher als Zieräffchen vor. Man erwartet an ihnen so viel zerbrechliche Grazie, daß sie ein gesundes Aug' eher abstoßen als anziehn. Sie sind ganz anders.

Sie sind weiche, milde, keineswegs besonders blitzende Geschöpfe. Ihr denkt sie »feurig«; sie machen eher einen zurückhaltenden Eindruck. Ihr denkt sie lebhaft; sie sprechen kaum so laut wie bei uns.

Nur, Steifheit ist ihnen fern.

Sie haben Selbstbeherrschung. Waches Behagen; mit unmerklichem Schönheitssinn.

Bei uns wirkt eine Großstädterin, die kokett sein will, eher nervös. Die Pariserin erledigt Koketterie mit leiser Anmut, gewissermaßen unbeweglich. Macht einen recht natürlichen Eindruck. Scheint alles aus Freude am Lebenszauber selbstverständlich zu tun. Sie schwitzt hierbei nicht.

Unsre lieben Frauen (ach, sie sind entzückend) haben was Verträumtes, Holdes, Pflanzenhaftes. Die Französinnen sind wach, dabei jedoch ohne Schärfe; bei allem lebhaften Wesen voll Gutartigkeit. Noch die Letzte der Letzten hat was kindhaft Gutmütiges — und die Kaltblüter-Brutalität mancher berlinischen Dirne liegt ihr fern.

II.

Ein Mittel, ohne Aufwand ihre Schönheit zu steigern, ist die Art, wie sie den Rock halten. Es scheint ein Gesetz, daß man den Rock mit der linken Hand faßt. Ob gutes, ob schlechtes Wetter. Die reiche wie die ärmste rafft an der linken Hüfte den Rock beim Gehn. Köstlicher Anlaß, Grazie zu entwickeln. Natürlichen Reiz.

(Noch jede Arbeiterfrau und Familienmutter lüpft am Sonntag einen violett-seidenen Unterrock. Wie bei uns eine, na, Schauspielerin.)

III.

»Die Französin ist frivol« — dieser Blödsinn stammt von Zeitungsmikrozephalen.

»En France, la femme travaille« — das trifft eher die Wirklichkeit.

Deutscher Irrtum

I.

Das sogenannte »Sonnige«, was man den blonden Völkern immer nachsagt, findet sich nach meiner Beobachtung zwar weniger bewußt, doch in größerer Verbreitung zwischen den Pyrenäen und dem Pas de Calais . . .

II.

Man stellt sich Gallier als Prahlhänse vor; als Blender. Ganz falsch. Unscheinbar sind sie. Man muß häufig genau und recht lange hinsehn, bis man drüben an einem Ding Vorzüge merkt, die im Verborgenen blühen.

Die Einzigen, die Paris nach der Seite des Blenderischen, Schreienden, Klobigen drängen, sind nicht Franzosen (in denen wohnt zu viel leiser Geschmack), sondern das sind die derben, von griechischem Geiste nicht beleckten, germanischeren Yankeebären.

III.

Vieles in Frankreich ist unscheinbar. In einem Raum, der nach nichts aussieht, beinah ärmlich zu nennen, kriegt man ein Göttermahl vorgesetzt. Ein Mensch, der wie ein kleiner Beamter aussieht, besitzt eine Jahresrente von hunderttausend Mark. Die zaubervollsten Fische, die köstlichsten Krustentiere, das schierste Fleisch, die märchenhaftesten Früchte sind Alltagsgewöhnung in der Provinz …

Was in Frankreich ein Arbeiter ißt: das gibt es bei uns noch nicht in der Tiergartenstraße. Wenn die sich Langusten, Artischocken oder den schmalen, grünen Spargel oder die Edelpilze für protziges Geld kommen läßt, haben sie den Duft der ersten Frische längst eingebüßt. Wer in Frankreich erster Klasse fährt und ein Auto besitzt, sieht wie ein Schubiack aus. Manche Frauen und Mädchen von Paris würde man bei uns als Landstreicherinnen, Naturforscherinnen, entartete Fabrikmädchen ansehn — es sind jedoch sehr brave Hausmütter; wackre Töchter voll Anspruchslosigkeit; haben mit solchem Aussehn schon eine Rente zusammengespart.

IV.

Letzten Endes ist Rohheit in unteren Schichten Frankreichs gering. Noch ein Handlanger, Straßenarbeiter, Kanalräumer bleibt für logische Erörterung zu haben. Alles sieht weniger auf rohe Kraft, als auf den »polierten Geist«. Und aussehn, wie gesagt, tun sie wie die Landstreicher …

— — — — — — — — — — — — — — — —

V.

Kindhafte Künstlermenschen!

Ich fuhr in einem »Rapide« von der Touraine gen Paris. Herrliche Wagen: Hotelzimmer. Ein großer Raum, in dem man tanzen kann; wo alles in bewegbaren, wegzurollenden Sesseln im Kreis herumsitzt. Lehnklubschmarotzerschlemmsitzgelegenheiten in der Bahn. Der Raum mit köstlichem Teppich bespannt. Diener reichen Erfrischungen. Es gibt Handarbeitszimmer mit Nähtischen für Damen, welche die Zeit während der Fahrt hausfraulich totschlagen. Mehr solcher Verschmitztheiten. Das haben wir nicht im Deutschland Wilhelms des Zweiten.

Die praktischen Gepäckausgaben mancher französischen Bahnhöfe! Technik; wie ein wunderbares Spielzeug für Kinder. Riesenlanger Kreistisch, der sich fortwährend im Kreis bewegt, auf dem schwebt das Gepäck bis zum Empfänger. Diese Tische wandern also fortwährend; jeder Koffer gleitet auf dem Wandertisch bis dahin, wo der Eigner steht und ihn herunternehmen läßt ...

VI.

Die Gallier galten im Altertum als ein gutartiger, wenn auch reizbarer und kriegerischer Stamm von Kindern, mit Kinderneugier, sogar einer gewissen Kinderschlichtheit (die sie heut noch inmitten aller Verfeinung deutlich besitzen). Künstler- und Kindersinn verwendet solche Bahnhofsspielereien, die aber praktisch sind.

Dieser Künstler- und Kindersinn hat schließlich auch die Aeroplane, das Himmels- und Weltenspielzeug von ernster Bedeutung, ersonnen oder fabelhaft vervollkommnet ...

Dafür sind sie in allen hygienischen Einrichtungen des Alltaglebens hinter uns zurück. Nur das betonen deutsche Zeitungsesel, die Gott im Zorn geschaffen hat. Alkohol in verdichteter Form; waschen sich weniger; spucken mehr; wohnen dichter in kleineren Räumen; machen klotzigen Lärm mit Verkehrsmitteln. Nur haben sie daneben wieder das Automobil erfunden, das geniehafte Verkehrsmittel ... Kinder und Künstler!

VII.

Oft schon recht ermüdete Kinder. Auch dezimierte Kinder; Bonaparte ließ eine schwere Menge gesündesten Menschenfleisches auf der Strecke ... bevor Ludendorff, der ideenlose Erzschlächter, kam. Der Rest ist friedfertig (trotz stachelnder Zeitungen); wohlhabend — was beinah dasselbe wie friedfertig ist; etwas verwöhnt, doch in diesem Ruhestadium wundervoll neugierig, unternehmungsfroh, im tiefsten Grunde von kindhafter Heiterkeit.

Nochmals: das sogenannte »Sonnige«, was man den blonden Völkern immer nachsagt, findet sich nach meiner Beobachtung zwar weniger bewußt, doch in größerer Verbreitung zwischen den Pyrenäen und dem Pas de Calais.

VIII.

Man spreche mit Franzosen, mit edleren Geistern dieses ... überreifen Volkes (falls ein Volk je überreif sein kann!), so wird man sie sagen hören: Ja, wir wissen, daß Frankreich an Zahl der Einwohner zurückgeht — aber ist das ein Hauptmerkmal für die Bedeutung eines Volks? Man bedenke doch, daß die weltbewegenden Einflüsse fast immer von kleinen Völkern ausgegangen sind (und die Franzosen werden bald ein zusammengeschrumpftes Volk sein) — die Schönheit der Welt ging von dem kleinen Hellas aus, die Religion der Welt kam von dem kleinen Lande Palästina.

Frankreich wird, wie jedes Land, eines Tags zugrunde gehn, dies ist das Los aller Völker, ein geschichtliches Gesetz — doch es kommt nicht drauf an, wie lange Zeit ein Volk gelebt, sondern was es zu seiner Lebzeit für Einflüsse geübt, was für Glück es ausgestrahlt, was für Schönheit es geschaffen hat.

Ja, wer löst die Welt vom Raubtierwahn?

IX.

Alles erscheint einem in Deutschland so funkelnagelneu, so wenig gebraucht — wenn man aus dem grausteinernen

Gewirr von Paris, von den moosbewachsenen alten Städten der Normandie, der Touraine, der Bretagne kommt.

Aber die Annahme, daß die französische Provinz unbedeutend und langweilig sei, bleibt einer der schwersten deutschen Irrtümer. Nürnberg ist etwas Herrliches — doch um der Wahrheit die Ehre zu geben, so scheint mir, daß Frankreich viele Nürnbergs hat. Das Land wurde von den Griechen besiedelt, bevor die Römer eindrangen.

X.

Nachtrag. Liebes Deutschland! Wenn man nach der reichen (aber allzu verständigen, zu sehr mit Akzenten versehenen und kurzen) Landschaft der Franzosen wieder Schleswig-Holstein sieht; herrliche Ebenen mit dem Hauch in der Luft: so weiß man, wo für einen Deutschen der Friede wohnt. Ein Friede, dem Traum nahe verwandt, wie ein Bruder dem andren. (Und eine Schwester gibt es, die heißt: Musik.) ...

Alles herrlich! Es wird an nichts geknausert und geknickkert, die Natur ist stark und großmütig — doch wenn man nach Berlin zurückkehrt ...

XI.

Wenn man nach Berlin zurückkehrt und hier die märkische Dürftigkeit des Bodens, die Armut der Luft doppelt peinlich empfindet, dann fragt man sich zum xten Mal: weshalb wir nicht vor Jahrhunderten im deutschen Nordwest eine Landeshauptstadt vorbereitet; man grübelt sauersüß, ob nicht heute noch Berlin an Alster, Elbe, Nordsee zu verlegen ist. Wo der Wind weht, Schiffe schaukeln, der Mensch atmen kann, etwas wächst wie in Frankreich.

Die tiefe, leuchtende, sommerliche Schönheit Hamburgs, sonderlich Hamburgs im August und Juli, läßt sich nur in Gesängen ausdrücken. Aber die Spreestadt? —! Auch sie war ein deutscher Irrtum ...

Die reife Frucht

I.

Deutsches Mißverständnis: Paris als Vergnügungsstadt zu stempeln. Allerübelste Betrachtung. Merkmal für Menschen ist hier: alte Hochentwicklung.

Eingesessenes; Vererbtes.

Wir haben diese Kultur in Deutschland gleichfalls. Man gehe nur in den deutschen Süden oder Westen! Doch justament in Berlin haben wir sie nicht. Zu vieles im Werden — (das ist kein Tadel; die Worte schließen ja eine Hoffnung ein) — aber in Paris ist schon alles geworden.

II.

Und was die Verstorbenen hier hinterlassen, an Möbelstücken, Bildern, Seltenheiten, Büchern: das beleuchtet Entwicklungen.

Nicht weit von den Boulevards ist ein Gebäude: wo in allen Stockwerken Hausrat, Kleider, Kunstsachen Gestorbener versteigert werden. Man denkt sich dieses Hôtel Drouot nur als Stätte für Kostbarkeiten. Falsch; hier kann einer für zwei francs Wertvolles erwerben.

Ein Kleinhändler, der in Pantoffeln und barhäuptig ankommt, kauft im Handumdrehn für drei francs eine Kollektion von fünf — Gemälden ... Vier davon schauderhaft. Aber das fünfte reißt ihn heraus; er sagt zu seiner Umgebung: »Es ist nämlich eine Kopie nach Frans Hals — elle n'est pas mal.« Er geht davon, seine Pantoffeln klappern.

III.

Kulturbelecktheit in der niedersten Schicht; oft beinah komisch. Aber sie sagen alles einfach und selbstverständlich — es ist in Fleisch und Blut übergegangen. Ein einfaches Bedienungsmädel im Wirtshaus: »Man ist hier eine Sklavin der Arbeit.« Hausdiener reden in Epigrammen. »Sie reisen ab, mein Herr? Ah, um so schlimmer für mich. Ich liebe Klienten wie Sie.«

IV.

An der Seine haben die Buchhändler ihre Kästen. Wer flog nicht alles nach Paris? Die Anziehung der Stadt redet aus diesen Kästen. Den Deutschen ergreift es, wenn er im fremden Land Bände seiner Muttersprache findet, die einstmals wer weiß wem gehört. »Goethes Briefwechsel mit einem Kinde« mit handschriftlicher Widmung der Bettina ... wie mag dies Buch hergekommen sein? ... Der selige Kotzebue, die selige Luise Mühlbach; französische Dichter; plötzlich Werthers Leiden in einem vergilbten Band. Molière-Ausgaben; zerflatternde Lieder des Sängers Béranger; Memoiren einer Herzogin. Davor stehn Dienstmädchen, Flußknechte, prüfen, ernsthaft, mit einem gewissen Kennerblick aufgehäufte Literatur ...

V.

Man ist in Deutschland zehnmal so musikalisch wie in Frankreich. Die Franzosen sind das unmusikalischste Volk — die Deutschen das musikalischste. Doch man kommt in ein Kaffeehaus, ganz abseits ... unter Arbeitern und Kleinbürgern ist ein »klassisches Konzert«. Sie saugen voll Ehrfurcht Kammermusik. Mit stürmischem Beifall belohnen sie die Quartettspieler. Wie wurde mir ums Herz, als dies französische Quartett sich zuletzt entschloß, Webers Oberon-Ouvertüre zu spielen! Die ärmlichen Hörer saßen still begeistert, dann verbrüderten sie sich mit den Musikern ...

VI.

Es gibt eine Kultur, die so reif ist, daß sie den Stich ins Faulige bekommt. Aber auch Gesindel, das jede Kultur als faulig hinstellt.

Manches (böswillige) Kamel, das von Paris her deutsche Spalten vollmacht, schilderte jahrelang die Franzosen als ein Verrücktenvolk — und hielt sich für einen munteren Geist. Wie der »Matin« uns als plumpe Rohlinge malt. Laßt Euch die Freude nicht an dem Herrlichen dieses Volks verküm-

mern. Auch nicht von den Folgen des schmierigen Weltver-
brechens und der großen Zeit.

Liebet einander.

Spree und Seine

I.

Es ist das Schicksal meiner Reisen insgesamt, in Paris zu
enden. (Und wenn ich in Palermo bin, jag' ich zuletzt, mit einem Kroatenschiff, nach Marseille, von dort nach Paris.)

Eine Menge von Leuten gibt es, die kein Sinneswerkzeug
für die Stadt haben. Ihr Gegenstück ist Friedrich Hebbel, der
beim Scheiden von Paris ins Tagebuch jene seltsamen Worte
schrieb.

II.

Ich vergleiche nicht Frankreich und Deutschland; nur Paris mit Berlin. Guckt mal vom Triumphbogen — es wird eine
Stunde menschlicher Ergriffenheit.

Berlin hat in der Anlage diesen großen Zug nicht. Es fehlt
Machtvolles: Straßen wie die Champs-Elysées. Ein Carou-
sel-Platz (am Louvre). Eine Place de la Concorde.

Wir haben keinen Fluß wie die Seine, darum keine
Brücken wie ihre Brücken. Keine Bergstadt neben der Tal-
stadt. Keinen Mont Valérien, der in naher Ferne sich aus hold
umblühter Landschaft erhebt, für die scheidende Sonne ganz
lyrisch ein Vergoldungsanlaß. Mich überkommt auf dem
Triumphbogen eine Hebbel-Stimmung, ich wiederhole da
oben zwar seine Worte nicht, aber ich fühle fast einen Drang,
mit den erhobenen Händen zu wackeln, diese menschliche
Schönheit zu segnen, zu segnen — so komisch es klingt.

III.

Ich liebe mein Vaterland: aber die Kellner in Berlin giften
mich. Ein Kellner unter Wilhelm dem Zweiten wird forscher
aussehn, einen blonderen Schnurrbart tragen; doch der Ton,
in dem er spricht, ist affig-gekünstelt. Unterstrichener
Drang nach Schneidigkeit. Der falsche Leutnant.

Ein französischer Kellner mittleren Ranges wird natürlicher, ohne Fatzkerei mich ruhig beraten. Gute Mitte: nicht unterwürfig, nicht anmaßend. Ein Ratgeber, taktvoll.

Ich liebe mein Vaterland — doch die französischen Diener sind mir in gutem Erinnern. Die Kraft eines lebhaften Mannes, doch fühlt man sich leise bedient ...

IV.

Hätte Berlin einen Pavillon d'Armenonville: man würde sofort merken, daß jemand eine »Konzession« erhalten hat, und zwar »polizeilicherseits« ... Im Zoologischen Garten Wilhelms des Zweiten ist Großbetrieb, verbunden mit Geprotz, denn oben auf dem gedeckten Altan pflanzen sich solche hin, die nicht etwan einen gedeckten Raum vorziehn, weil er gedeckt ist: sondern weil man sehn soll, daß sie in der »Weinabteilung« sitzen. Uäh.

Weinabteilung — fürchterliches Wort! (In Gallien trinken die Hungerleider Wein) ... Im Zoologischen Garten ist die Protzerei nur spießbürgerlich; im Armenonville wird sie phantastisch.

Die Leute in Berlin sitzen Schau. Die Protzen in dem Leuchtschloß halten sich nur steif, wenn sie Ausländer sind.

V.

Ja, in Frankreich herrscht mehr Natürlichkeit als bei uns — trotz allem Gerede von diesem »koketten« Volk.

Ich muß etwas zufügen.

Die volle verwegene Frauenschönheit wird bei uns noch immer fast wie ein Frevel betrachtet. In der Weinabteilung muß auch die Schönheit sich in »bürgerlichen Grenzen« halten. Wagte sie volle Entfaltung, wäre man beleidigt von einem verdächtigen Überheben; das schickt sich »denn doch« nicht. (Und alle diese Frauen bei uns in der, uäh, »Weinabteilung«, die es nicht wagen, möchten es doch so furchtbar gern wagen. Denn es ist menschlich.

Und weil diese Menschlichkeit in Frankreich aufrichtiger bekundet wird, darum sagt einem Künstler das Verweilen in diesem Lande recht sehr zu ...)

VI.
Und all diese Vergleiche gelten wirklich nicht für Deutschland und Frankreich; bloß für Spree und Seine — unter Wilhelm dem Protzigen.

O alte Burschenherrlichkeit

I.
Mein Wirt ist ein Südfranzose diesmal. Hat eine dicke, gute Gattin; eine jungverheiratete, glückliche Tochter; ein hôtel meublé. Schmales Haus mit fünf Stockwerken. Von meinem Fenster blick' ich zur Kirche Notre-Dame, zum Louvre auf der andren Seite; sehe wieder über sieben steinerne Brücken weg.

Das Haus steht an der Seine, am Quai des Grands-Augustins. Abends, wenn ich rote Damastvorhänge mit leuchtenden Goldfiguren zurückziehe, mich hinausbeuge, schwimmt über dem Wasser der alte Zug von Lichtern; rote, blaue, bläuliche, gelbe; von allen Brücken, allen Schiffen her.

Und wenn die riesigen Bäume sich am Ufer leis im Nachtwind bewegen: dann packt mich, ich weiß nicht wie, Himmelslust.

Schlagt mich tot.

II.
Mein Wirt hat im Keller allerhand Weine. Weißwein aus Bordeaux in massigen Flaschen; Flaschen mit südfranzösischem Rotwein, gelb gesiegelt. Vom Weißen und vom Roten große Doppelliterflaschen; darin eine schwere, doch wohlfeilere Sorte. Daneben den sogenannten kleinen Wein, aus der Gascogne, den er selber schluckt.

Der Wirt ist ein Mann von vierundvierzig Jahren. Lebt nicht schlecht; hat zwar schon graues Haar, aber nicht von

Sorgen. Kennt mehrere Deutsche, die bei ihm gewohnt. Ein Theologieprofessor aus Jena war darunter.

Das Haus ist voll von Franzosen. Liegt in einer abseitigen, fast kleinstädtischen Stille. Ein italienischer Maler hat im vierten Stock ein helles Zimmer. Die dicke, stets lächelnd-freundliche Wirtin, Madame Crégut, und ihr südlicher Mann, Jean-Baptiste Crégut, haben ihm so gut gefallen, daß er sie malte. Das Bild des Mannes ist fertig; ich sage zu Crégut — da er das Ehrenamt eines Administrateur de la société des marchands de vin bekleidet, Aufsichtsrat einer bürgerlichen Weinkaufsgesellschaft — daß seine ganze Würde auf dem Bild herauskommt. Er lacht. Er freut sich.

Frau Crégut ist noch nicht fertig gemalt. Alle Mittage sitzt der Maler unten im Gastzimmer; sie hat ihr Schwarzseidenes angezogen, rührt sich nicht, er pinselt — während Leute am Quai stehn bleiben, ihm ruhig auf die Leinwand gucken. »Ist es gelungen?« frag' ich einen kleinen Bengel, der zusieht. Er prüft und sagt: »Es ist gelungen, nur das Gesicht ist zu rot, man hält es für einen Apfel — on dirait une pomme.«

So fließt hier das Leben dahin.

III.

In unsrem Haus sind noch zwei Deutsche. Wir haben uns kennengelernt. Der eine: Gymnasiallehrer; aus kleiner Stadt im Odenwald. Der andre: Chemiker; hat Studien in London gemacht. Beheimatet in Magdeburg.

Eines Abends trafen wir alle drei im Gastzimmer zusammen.

IV.

Herr Crégut hat in seinem Keller auch Bier. Bière de Strasbourg, von der Firma Gruber. Wir baten Crégut, eine Flasche heraufzuholen.

Eigentlich war es keine Flasche; schon eine Badewanne. Wir tranken sie zu Vieren aus; alles war gut.

Um diese Zeit trat der italienische Maler ein. Hatte seinen abendlichen Gang gemacht. Sah uns Bier trinken. Er war vor Jahren, vor Jahren auf der Akademie in München ein Semester gewesen; bei Piloty zu lernen, den er jetzt verachtet. Von der deutschen Sprache hatte sich sein Gehirn einen Ausdruck, einen münchnerischen Fluch gemerkt, den ich selber noch nicht kannte. Hieß: sakra fuffzig! Wenn dieser Maler beweisen wollte, daß er in der deutschen Sprache nicht unbewandert sei, sagte er zu jedem einzelnen von uns, blödsinnigmild lächelnd: »Sakra-fuffzig!« Platzte hiernach vor Stolz.

V.

Sakrafuffzig (ich will ihn so nennen) sah das Bier auf dem Tisch. Begann zu gleißen. Setzte sich zu uns; bat um ein Glas. Es wurde bewilligt. Wir waren jetzt fünf: drei Deutsche, der südfranzösische Wirt, Sakrafuffzig.

Für Frau Crégut und ihr Privatstubenmädchen Joséphine (Boulogne sur mer) hatte die Stunde des Schlafengehens geschlagen. Das Boulogner Mädchen ließ die Rolläden des Gästezimmers herab, schloß die Tür. Ließ uns ungeschoren. Frau Crégut, die schon um halb elf im Gespräch wie eine Orgel schnarchte, kroch die Treppe zu den Privaträumen hoch; von ihrer Fülle hob sich die zierliche Gestalt der kleinen Boulognerin lieblich ab.

Wir aßen und tranken.

VI.

Allmählich überkam den Wirt eine seltsame Stimmung. Wir waren an diesem Südfranzosen Lebhaftigkeit gewöhnt. Doch er hatte so viel Bier wie heute noch nicht getrunken.

Eine Riesenflasche nach der andern war geöffnet. Er schien zugleich innig bewegt und grüblerisch bohrend.

War trotzdem erfahren genug als Trinker, den Kopf nicht zu verlieren. Nur eine gewisse Weihe kam über ihn, daß er beinah röchelte. Wir gossen immer ein. Auch wir blieben nicht kühl. Leiser Taumel — in diesem verbarrikadierten Erdgeschoß eines Pariser Hauses zur Nachtzeit.

Lagen wir im Schlummer — vorübergehend?

Fest stand es, als der Odenwäldler sich jede Zwischenbemerkung verbat... und eindringlich den cantus »O alte Burschenherrlichkeit« kommandierte. Der cantus stieg. Crégut sah erstaunt und seltsamer aus denn vorher; fassungslos, halb beseligt.

Sakrafuffzig suchte mitzusingen, hatte bei der dritten Strophe die Melodie weg.

»O alte Burschenherrlichkeit« klang durch die Räume. Das ganze Haus schlief. »Wohin bist du geschwunden!« Zuletzt standen wir auf, reichten bei der Schlußstrophe, wie immer, uns die Hände verschränkt um den Tisch herum.

Crégut und Sakrafuffzig verschränkten ihre Arme mit großer Gewandtheit, aber plötzlich sitzend.

VII.

Was hierauf geschah, weiß niemand. Ich kommandierte noch einen Salamander. Der Wirt war soweit bei Kräften, daß wir ihn den beibringen konnten. Crégut äußerte kindlichen Jubel, da er den Salamander raus hatte.

Nachher ergaben sich Schwierigkeiten. Er war außerstande noch Flaschen zu holen. Im Hintergrund der Gaststube war der Eingang zum Keller, eine große Falltür, die offen stand. Er bat uns mit lächelnder Milde, die von Wehmut und von einem plötzlichen Versuch, Sakrafuffzig zu kitzeln, vermenschlicht war, an seiner Statt in den Keller zu steigen — er habe Augenschmerzen und lese keine Zeitungen mehr.

Wir erfüllten seinen Wunsch. Aber mit Mühe. Der junge Chemiker und ich kletterten hinab. In diesem Pariser Keller sah es wunderlich aus. Aus allen Ecken gleißte gehaltvoller Stoff. Ein Duft, wie man ihn alle Tage nicht riecht, drang entgegen. Einen Augenblick lang hatten wir die Absicht ... Aber es schien uns doch eine Gemeinheit gegen die andern. Wir trugen empor, was wir zu tragen fähig waren; darunter zwei Flaschen der Witwe Cliquot.

Crégut hat noch eine stehend geöffnet — doch der Abend schloß mit einer südfranzösischen Bierleiche.

VIII.

Ich will uns nicht besser machen als wir sind. Auch wir waren am nächsten Morgen, der just anbrach, umwölkt.

Sakrafuffzig blieb verschollen; malte Frau Crégut nicht an jenem Tag. Die Boulognerin teilte mit, daß er auf seinem Zimmer brüte. Der Gymnasiallehrer hatte Kopfschmerzen. Der Chemiker »arbeitete«.

Crégut aber befand sich »dans un état tout-à-fait déplorable.« Er konnte kein Mittagbrot und kein Abendbrot essen.

Gutmütig, wie Franzosen sind, kam er nicht aus dem Lachen heraus.

... Zum Trost sprach ich: »Mais à présent vous savez frotter un salamandre.«

Heimfahrt
(Diana)

I.

Einmal fuhr ich, wie so oft, von Paris auf dem Seeweg heim. Adieu, Paris — rasch nach Cherbourg.

Adieu, Paris... Knapp vierzehn Tage vor der Abreise war ich über die Sankt Michaelsbrücke gegangen, welche auf französisch Pont St.-Michel heißt, und hatte dort im Gewühl der Omnibusse, Fußgänger, Autos einen alten Venezianer getroffen (einen Mann mit weißgrauem, eisgrauem Bart), welcher an die Quader gelehnt stand und Dasjenige tat, was seine Landsleute so oft tun, nämlich nichts. Vor ihm, auf dem Quanderngeländer der alten Brücke, waren kleine Kunstwerke holder Art aus Gips aufgestellt. Eine Figur fiel mir in die Augen.

»In die Augen fallen« ist ein schwacher Ausdruck. Sprang in die Augen. Ich verliebte mich in sie. Es war eine Diana. Von dem Bildhauer Falguière.

Der Greis auf der Brücke wies freundlich darauf hin, daß die Nachahmung dieser Figur verboten sei, daß er sie aber trotzdem nachgeahmt. Alles italienisch mit adligem Anstand. Ich kaufte sie.

II.

Die Diana stand auf dem rechten Bein; das linke ragte, während sie sich vorbog und ihren Pfeil abschoß, etwas in die Luft. Der Liebreiz des Gesichtchens, die Anmut der Haltung, die feine Schönheit junger Glieder wirkten bezaubernd.

III.

Schwer, die Diana jetzt einzupacken. Das Frauensbild war gewissermaßen im Sprunge, so breiteten sich ihre Glieder in mehrere Windgegenden. Was fehlte, war ein fester Stützpunkt, sie an den Boden einer Kiste zu fesseln. Sie anbinden? Es war ihr nicht beizukommen in aller zerbrechlichen Feinheit.

IV.

Lange suchten wir. Ein épicier in der Rue des Halles kletterte mit mir in den Keller; zeigte mir den Vorrat an großen und kleinen Kisten. Der italienische Maler Sakrafuffzig hatte die Güte, sich anderweit indes umzutun. Weder er noch ich fanden einen Käfig für die Göttin. Blieb nichts, als sie in die Hand zu nehmen; so mit ihr (nach herzlichem Abschied vom ganzen Haus) davonzufahren. Hoch war sie an dreiviertel Meter.

V.

Auf dem Lazarusbahnhof sprang eine Dame, während ich, von zwei Gepäckträgern gefolgt und die Diana in der Hand, den Zug abschritt, heraus. Mit solcher Genauigkeit auf die Figur, daß deren linkes Bein verlorenging. Es rollte, leider nicht in einem Stück, sondern in sieben Stückchen, unter den Waggon. Die Springerin machte mir ein beschämtes Gesicht (Lächeln, tiefes Bedauern) und sagte: »Ah, monsieur, je vous demande pardon...« und blieb stehn. Ich verzieh ihr, schritt von dannen, setzte mich in den Zug, betrachtete den schönen Torso und fuhr nach Deutschland.

VI.

Auf dem ganzen Wege hat mir Diana, von meiner Hand gehalten, Glück gebracht. Als Gesprächsanknüpfung. Ich wurde von Mitfahrenden auf dem Schiffe liebevoll umtreut; alle forschten wegen der Verwundung in einem Ton, als ob ich sie erlitten hätte.

Französinnen bis Cherbourg waren voll bezaubernder Teilnahme. Das Göttermädel, dem von seiner Schönheit genug blieb, eroberte die Herzen; und etwas, immerhin, fiel für mich ab.

VII.

Am Abende des zweiten Tages saß ich in Bremen, im Ratskeller. Altes und Neues schwirrte durch ein gewisses Wolkengold. Heimat und Frankreich.

Ein französischer Vers glaubt:

Chaque homme a deux patries: la sienne et puis la France.

Mag wahr sein unter der Bedingung, daß Ihr mein Wort gelten laßt: »Jeder Nichtdeutsche hat eine Doppelheimat: sein Land — und deutsche Musik.«

VIII.

Erst kam Nackenheimer. Dann Oppenheimer Goldberg. Wir drangen mit dem Schwarm in die Kellerräume, wo es himmlisch duftet; wo in den Fässern seit anderthalb Jahrhunderten Edelstes lagert.

Wir plauderten. Die Herzen gingen auf. Der kleine Oppenheimer stand vor uns auf dem Tisch.

IX.

Nachher schritten wir über den Rathausplatz. Vereinzelte Spaziergänger in einer friedlichen, schönen, stillen Stadt begegneten uns.

Ich war wieder in Deutschland.

Diana sollte das Gnadenbrot kriegen — ich hab' sie heute noch.

Eine holde Schiffsgefährtin war durch sie gewonnen. Sie schritt neben mir. Jedes ihrer Beine war unversehrt. Und nicht von Gips.

— — — — — — — — — — — — — — —

X.

Am Abend des nächsten Tags kam ich nach Berlin. Hier sitzt man. Die Freude des Wiedersehens ist groß. In aller Freude nagt leises Heimweh nach der Riesenstadt, die man verlassen; nach der seligen Stadt; nach der Wunderstadt; nach der Stadt mit den steinernen Brücken, heiter dunkelnden Türmen, dem ewigen Glanz, dem Märtyrergebirg, dem witzig-zarten Geist, dem Glück der Schönheit.

Sie liegt westlich in der Ferne... und reift, wie mancher Deutsche glaubt, ihrem Untergang entgegen.

Deutschland ist herrlich, herrlich, herrlich. (Aber Berlin ist nicht Deutschland.)

XI.

Diana steht auf dem Klavier — und zielt mit Pfeil und Bogen.

Venezianisch

Rakéel'

I.

Es wuchs vor meinem Fenster
  Ein leuchtender Feigenbaum ...
— — — — — — — — — — —
  — — — — — — — — — — —

Die weiße Etsch rauschte vorbei,
  Die feuchte Erde roch nach Wein.
Die Welt mit allen Büschen
  Wuchs mir ins Fenster hinein.

Wo war das gewesen? Es war ... Wo die deutsche Sprache
noch herrscht. Wo sie lichter blüht als im dünnen Tieflande.
Das lag hinter mir.

II.

... Dann kam ich in die Stadt. Wunderstadt, verfallene; mit
nächtlicher Schönheit am Meer, im Leuchten zerbröckelnder
Trauer; Hochzeit von Schwermut und Anmut. Es geschah
zum dritten Mal, daß ich hinkam. Wochen hatt' ich einstens
dort gelebt. Nächtlich strahlte sie; tiefer, prachtreicher, ver-
storbener — unsterblicher. Der Löwe von Erz schrie schlafend über die Säule hin, über die Wasser, und schlug mit den
Flügeln. Schwarze Särge zogen durch die Flutgassen zu ver-
schollenen Häusern — ihre Marmorstufen gingen in fried-
verstohlene Finsternis; Steinköpfe starrten vom Gesims.

III.

So will ich der Wahrheit gemäß berichten, was mir damals
in Venedig zustieß. Ein Vorfall ohne Merkwürdigkeit. Vielleicht hat er nur Wert für den Mann, der ihn erfuhr: nicht für
andre, die von ihm hören ... Für diesen Fall bestände die
Entschuldigung bloß hierin: daß wir noch am ehesten solche

Dinge erzählen können, an denen wir Anteil genommen. (Und daß es am anständigsten ist, keine andren Dinge zu erzählen, als eben solche) ... Es kommt nicht darauf an, daß ich, ich, ich die Dinge erlebt habe. Sondern allein: daß jemand Dinge erzählt, die er erlebt hat ... Zudem ist nichts an den paar Tatsachen geeignet, ihren Erzähler in romantisches Licht, oder in heldenhaftes Licht, zu setzen. Vielmehr ließe sich vermuten, daß von dem Erzählten die meiste Helligkeit auf die Stadt und auf die Seele der Stadt fallen werde.

IV.

In einer Tasche des alten Reisebuchs steckten Gasthofs-Rechnungen aus dem Jahr 1894 ... und zwei Briefe.

Die Briefe waren von einer venezianischen Bürgerstochter, im Jahr darauf, 1895, nach Deutschland gerichtet, dann dort hineingeschoben worden. Der eine begann: Gentile signor ... (hier kam der Vorname), und schloß fröhlich: cordiali saluti di lei devotissima R. Es stand hierin folgendes: Die kleine Base der Schreiberin sei heute zu ihr gekommen und habe versichert, den Empfänger auf dem Markusplatz gesehn zu haben; ob es war sei, daß er in Venedig oder ob er in Berlin sitze.

... Seltsam, nach Jahren so einen Brief im Reisebuch zu finden. Dieses entzückende Mädchen aus einer Kleinbürger-familie hatte mich damals venezianisch sprechen gelehrt. An vielen Abenden trafen wir uns, und sie brachte — weil sie auf andre Art nicht hätte fortgehn dürfen — immer die achtjährige Base mit, bei deren Mutter sie wohnte. Das Kind besorgte manchmal, an der Markuskirche nachmittags wartend, unsre Zettelchen mit Verabredungen. Alles das war wundersam heiter; doch mit jenem Ernst, wovon in dieser Stadt noch auf die herrlichste der Herrlichkeiten ein voller Abglanz fällt. Rakéele, venezianischer Rakéel', hatte schönes schwarzes trocknes Haar und war ein großes, zartes Mädchen mit sehr dunklen Augen. Ihr Körper schien ahnungslos zu leuchten, wenn sie sich streckte, oder mit geschmeidigem Liebreiz das lange Schultertuch der Venezianerinnen halb in

Gedanken zurechtschob ... Noch seh' ich ihre Gestalt im Dunkel, als wir einmal bei Regen rasch im finstren Torgang einer ausgestorbenen Kirchgasse Unterschlupf suchten. Sie stand im Dunkel neben mir, die Kleine aß abseits an ihrem Kuchen.

Auch seh ich sie, wie wir draußen bei einem Weinwirt einkehrten, in einem kaum beleuchteten entlegenen Stadtteil — unter freiem Himmel saßen wir drei an einem Tisch, der auf die alten Quadern hinausgeschoben war, und vor uns stieg aus dem weiten Wasser die Steininsel mit Zypressen: der Kirchhof. Auch damals saß sie neben mir. Und noch oft.

V.

Das war sechs Jahre her. Es trieb mich nun, eines Abends, das Haus zu suchen, welches der Schluß jenes Schreibens genannt. Ich wollte fragen, ob vielleicht jemand wisse, was aus einem Mädchen, namens Soundso, geworden, die vor sechs Jahren dort bei ihren Verwandten gewohnt. Von der Abendmusik ging ich aus dem Gewühl, kreuz und quer, durch umgitterte Ufergänge, mattfarbige Winkel mit alten Brunnen, an erleuchtet verhangenen Schänken vorbei ... und fand die Gasse, nicht weit von der Kirche zur Schönen Heiligen Maria oder Santa Maria Formosa.

Als ich klingelte (diese schmalen alten Häuser werden von oben geöffnet), fragte mich eine fünfzigjährige Frau, die außen, neben dem ehernen Türlein gestanden, was ich wolle; sie rief, wie zu ihrer Unterstützung: »Rakéel', vien' a basso!« Und als Rakéele in dem dunklen Haustor erschien, wo ihr Gesicht nicht erkennbar war und das meine auch nicht, sprach ich mit leiser Stimme. »Ich glaube nicht zu irren ...«

Sie nannte meinen Namen.

VI.

Nach einer Weile brachte sie Licht und hieß mich hinaufkommen; die Tante stieg hinter mir die steinernen Stufen empor. Wir saßen zu dritt in Rakéeles Zimmer, dem einzig bewohnten dieses mittleren Stockwerks. Bloß die Kerze brannte. Das Zimmer war geräumig, ein Fenster stand offen, das Gesumm aus den abendlichen Nachbarstraßen drang herein. Die Tante, nach den verblüffenden ersten Erkundigungen, schlug die Tür zu und stieg in ihre Wohnung. Rakéele saß neben mir.

Sie war kaum verändert. Sie hatte noch ganz das Unsagbare, den Liebreiz. Den lustigen Mund unter den melancholischen Augen. Nur daß sie damals achtzehn war und heute vierundzwanzig.

Ein Kind von weniger als einem Jahr schlief im eisernen Wiegengestell an dem zweiten, geschlossenen Fenster; ein rundes kleines Mädchen. Auf meine Frage, wem das gehöre, erwiderte sie schlicht: è mia — es ist meins.

Als ich sie anblickte, wie sie jetzt dastand, bloß ohne den Glorienschein, und als ich die Stimme hörte, mit der sie die Worte sprach, die Stimme, die mir so wohl vertraut war, da ergriff ich ihre linke Hand, welche dem Herzen am nächsten ist, und küßte sie bis zur Handwurzel. Wir traten ans Fenster, ich blies das Licht aus, und indem wir uns über die Brüstung lehnten und in die stiller werdende Gasse hinabsahen, redeten wir von der Vergänglichkeit der Zeit und von unsren einstigen Zusammenkünften vor sechs Jahren. Die Base von damals war ein großes Mädel geworden und zu Besuch in Chioggia. Jedes Wort wußte Rakéele, das wir damals gesprochen. In ihrer alten lustigen und sanften Art holte sie das hervor. Fein wie eine Prinzessin; lustig wie Colombine; schön wie eine Heilige; still wie eine Venezianerin.

Sie fragte nach meinem Leben in Berlin, nach den Gewohnheiten dieser Stadt. Dann, als wir vom Fenster in das Zimmer zurückgetreten waren und im Dunkel nebeneinander standen, erzählte sie vom Vater des Kindes, einem Sizilianer, den sie drei Jahre kannte — Schiffsingenieur auf der Strecke nach Alessandria in Ägypten. Sie hoffte, daß er sie heiraten würde. Die Verwandten waren bitterböse, als das Kind kam. Am meisten die Mutter, die anderwärts beim Bruder wohnte. Sie plauderte fort. Sie gehe täglich zur Messe, komme sonst nicht aus dem Haus (wegen der Kleinen) und stehe manchmal bis nachts um zwölf an diesem Fenster und schaue so auf die Gassen. Einmal im Monat kam er zurück. Zuweilen ging sie mit dem Kinde gern in den Markusdom, — die Kleine sei noch kein Jahr, könne aber schon richtig das Kreuz schlagen.

Das erzählte sie, lächelnd und ernst, wie damals. Ich fragte, ob sie ihn lieb habe. Sie hatte ihn gern gehabt, und sogar für ihn die »Krankheit« durchgemacht, die Eifersucht. Jetzt nicht mehr so. Sie kannte schon seine Fehler. Das sagte sie mit ernsterer Stimme.

Ein kindhaftes Wesen sprach.

VII.

Am nächsten Abend ging ich im Dunkel wieder zu ihr. Rakéel' wartete. Das Licht brannte. Sie saß auf dem Sofa, angetan mit ihrem schönsten Kleid, an einer schmalen Glaskette hing der Fächer, den sie langsam gegen ihr Gesicht bewegte. Bei Sternenschein verließ ich das Haus. Dies war der vorletzte Abend meines Aufenthaltes in Venedig.

VIII.

Am letzten Abend um halb elf stiegen wir fröhlich und leise die Treppe hinunter. Sie war in ihrer alten, süßen Tracht, in das lange dunkle Schultertuch geschmiegt, ohne Hut. Auf den kleinen Plätzen lag Ruhe. Am Haltestand der Schönen Heiligen Maria gingen die Stufen ins Wasser; wir riefen und stiegen ein. Der Mensch fragte, wohin. Sie antwortete wie ehemals, mit feiner Stimme: ein biß'l Luft schöpfen — per respirar' un po' d'aria! Es ging zuerst unter Marmorbrückchen und durch Seitenwege leicht in die große, dunkle Flutgasse mit den Palästen, dann aber hinaus in die schwermutvolle, fernere Lagune. Bei der langgestreckten braunen Häuserinsel der ganz Armen, der Giudecca, sahen wir noch Gestalten ins Wasser springen und baden. Gegen Mitternacht näherten wir uns dem ummauerten Klostereiland, wo die armenischen Mönche hausen und ihre Bibeln drucken; nur ein Fenster war hell. Um halb eins legten wir weit draußen bei stillen Moloquadern an, der Gondelführer lief in das verschlafene Wirtshaus mit den wenigen späten Gästen unter freiem Himmel und holte willig ein Eisgetränk von Granatsaft, sowie einen weißen, moussierenden, kalten Wein. Gegen halb zwei fuhren wir langsam zurück. Rakéele saß neben mir. Sie berührte wieder entlegene Worte, die wir vor Jahren gesprochen hatten. Meine eignen waren mir entfallen, doch ich wußte jedes, das sie gesagt, und die Stellen, wo sie es gesagt. Die Milchstraße glomm über uns. Ehrfürchtig äußerte der Gondelführer, ob es z. B. in Deutschland möglich sei, diese Sternbilder zu erblicken. Rakéele wußte nicht, ob sie ihrem Landsmann beistimmen solle; doch legte sie still ihre Hand auf die meine und ließ sie drei-, viermal sacht niederfallen . . . Als wir durch das letzte Brückchen vor der Schönen Heiligen Maria glitten, sagten wir lächelnd: es sei unsre, unsre Seufzerbrücke.

An ihrem Haus umschlang sie mich noch einmal und wünschte mir mit leiser Stimme Glück. Es war sehr spät. Sie sah zum Fenster, als dächte sie jetzt an die Kleine. Das Laternenlicht fiel auf ihre dunklen Augen. Dann schlüpfte sie still ins Haus.

IX.

. . . Verborgen in einer Wasserstadt; in Gäßchen; vom Weltgeschehen abseits: leben Geschöpfe, glutvoll und fein; zart und lustig; königlich und sanft.

Venezianische.

Sehen die Welt, wenn sie einmal auf den Markusplatz kommen. Oder wenn sie am Fenster bis spät in die Nachbargasse blicken. Das Leben verrauscht; wir wissen nichts von ihnen — bis zufällig ein einzelner irgendwohin zurückkehrt: von dannen er in einer hohen, atmenden Stunde, vor Jahren, ausging.

Kränze gleiten. Sommergesänge in Höhen und Tiefen. Sterne leuchten und stürzen durch den Weltenraum. Und der glückliche Schmerz bleibt: dies alles nicht nehmen, es mit der Gurgel trinken, es mit den Zähnen essen zu können —

und nicht selber zu bleiben, was man heute noch, heute noch, heute noch war.

So ist das Leben. Questa è la vita. Such is life. C'est la vie, c'est la vie, c'est la vie.

Chioggia bei Venedig

I.

Die Bewohner lallen: sie sagen nicht Kiodscha; sie haben diese feinere, zierlichere Art des Veneto-Dialekts. Sie flöten Dzôsa (Kiôhdsa?); gleichwie an irgendeiner friesischen Küste die Konsonanten kindlich ausgesprochen werden. Die Sassen dieser Insel sind Fischer. So verwegen, daß sie mit ihren Barken bis Griechenland fahren.

Mein Freund und ich wollen dieser Tage mit.

II.

Vorläufig sind wir gestern mit dem paduanischen Studenten und seiner Geliebten, Alba, sowie mit dem andren paduanischen Studenten und seiner Geliebten, welche leider Ida heißt, auf einem Segelboot über das Adriatische Meer gekreuzt. Ida sang; Alba, Aube, die Morgenröte, war stiller.

Zwölf Flaschen hatten die Halunken in einem Schaff mit Eiswasser mitgenommen. Wir tranken sie aus mit ihnen und sahen aus dem Grünblauen bald dieses, bald jenes Dorf der Westküste mit seinem Kirchturm oder Campanile, weiß in Farben, emporsteigen, wir sprachen über den Idealisten Kant, über den Positivisten Comte, über Gabriele d'Annunzio, welchen die Studenten für einen jammervollen Macher hielten, es war anno 1898, auch über die Liebesverhältnisse jüngerer italienischer Männer, und über Alba und Ida, doch vorwiegend über Alba, Aube, die Morgenröte, mit ihrem beschattenden Haar.

III.

Und es befand sich auf dem Schiff ein Mann namens Nicola. Dies war sein Vorname. Alle Bewohner der Insel Chioggia oder Dzôza-Kiôhdsa kannten selbigen; denn er

war ein Kommissionär, ein Figaro, ein Factotum; die pado-
vanischen Studenten tauften ihn auf meine Bitte Sancho
Pansa. Er war dick, hatte sinnlich ein breites Maul, eine fla-
che Nase, und aß, da er die Gastfreundschaft edler Männer
genoß, für siebzehn und eine halbe Person. Auf zwanzig
Tage, sprachen wir, ißt sich Nicola heute voll. Und so geschah es.

IV.

Zuletzt aber, in einer Osteria, welche sich »Zu den Antiche
Nazioni« nannte, kam er in Krach mit beiden Geliebten der
paduanischen Studenten, und er drohte, der Alba, Aube oder
Morgenröte, einen Teller an den Kopf zu schleudern.

Da meldete sich eine peinliche Stille, wir betrachteten den
stiernackigen vierzigjährigen Burschen, der so gefährlich
war. Einmal soll er einem Gegner sogar einen ganzen Tisch
an den Kopf geworfen haben. Eifrig aßen wir die Erdbeeren,
die mit Mühe und Not auf der Insel zum Nachtisch aufge-
triebenen, und wir erkannten jetzt klar die Ursache des Strei-
tes zwischen der Venezianerin und dem dicken Nicola. Sie
hatte zweimal mit voller Wucht ein Stück Obst in sein Gesicht geworfen, er hatte sich das verbeten und hatte das italienische Kraftwort porca beim zweiten Male drohend ausge-
rufen. Das ließ die sich nicht gefallen. Und Nicola, unser
allgemeiner Kammerdiener, noch von den Getränken auf
dem grünblauen Wasser benommen, drohte, die Tafel aufzu-
heben und sie insgesamt durch die Luft zu schleudern. Um
die Frisur Albas, Aubes, der Morgenröte, und um ihre Hirn-
schale war es dann geschehn. Und im Grund erkannte mein
Ich, wie sehr Nicola recht hatte: denn die Fremdlinge hatten
ihm Wasser in seinen Wein gegossen, Wasser in seinen Kaf-
fee, Wasser in seinen Vermouth, Wasser in jedes Getränk, sobald es ankam, und Albas Hand war auf seine dicken Backen
grausam gesaust, um ein Meerlied eindrucksvoll zu gliedern.
Das erträgt kein Mensch. Er beruhigte sich, als wir nachts in
den Gasthof »Zum Gobbo« gingen, um den Tag unter dem
Leinwand-Baldachin dieses Wirtes zu beschließen. Alba goß

ihm zwar wiederum Wasser in seine Birra di Puntigam, doch
er runzelte nur vorübergehend die Stirn, ließ sich von den
Insel-Honoratioren hänseln, fühlte sich als Original und
sagte zum Schluß (es ist keine Dichterlüge) mit lauter
Stimme durch den Garten: questa è la vita. Ich will ein Schuft
sein, wenn er nicht sagte: questa è la vita, so ist das Leben.

Ich war ein bißchen berührt. Ich nahm unter dem Zeltdach
mein Glas empor, beugte mich mühselig über den Tisch in
seine Ecke und stieß mit dem stiernackigen Nicola zweimal
an, indem ich seine Worte in deutscher Sprache wiederholte:
So ist das Leben. Es ist wiederum die Wahrheit, wenn ich be-
haupte, daß der verfressene und sonst spitzbübische Kerl die
Bedeutung dieses Augenblicks erkannte und mir mit einem
freimaurerischen Einverständnis ernst in die Augen blickte:
questa è la vita.

(Und rings um uns, an den Mauern des Gartens, wuchsen
Platanen und Lorbeerbäume und Wein und Oliven, und von
der Junifrische des Adriatischen Meeres kam ein Hauch
durch die Nacht.)

Abermals Chioggia

I.

Chioggia ist eine Insel, vier Meilen von Venedig; alles
scheint hier für die Schiffer bestimmt, für sie wird der Flachs
gesponnen, für sie dehnen sich unter dem Himmel die Seile-
reien, für sie flechten Frauen die Netze, für sie sitzen dunkle,
zarte Meerkreaturen auf den Steinplatten der Inselstraße,
flicken Segel. Der Fremde wird als ein Wunder bestaunt und
angelacht und bewillkommnet, wenn er grüßt. Die Männer
dieser Frauen sind oft Monate, halbe Jahre lang auf dem
Meer; und die Treue ist oft ein leerer Wahn.

II.

Die Duse ist eine Chioggiotin. Im Umkreis dieser Insel,
mit den Kirchen und der mattgetönten Hauptstraße, ge-
zeugt. Duse: hier ein verbreiteter Name. Vorn am Haupt-

platz gibt es einen Drucker Duse; dann einen Emilio Duse, barbiere … Sein Freund, der in der Mittagsstunde bei ihm die Zeitung liest, spricht vom alten Vater Duse; hernach schmält er, daß die Eleonora auch nicht ein einziges Mal in ihrer Heimat gespielt.

III.

Chioggia ist eine Insel, vier Stunden von Venedig. Wenn man mit der Segelbarke auf das Meer fährt, sieht man bei gutem Wetter in der Ferne San Marco.

Jeden Tag gehn wir durch Chioggias enge Gassen mit der stumpfen Buntheit, vorbei an den Dziôsotinnen, die Hanf spulen und Netze flicken. Jeden Tag gehn wir an das Meer, ziehn uns am Strand aus, trollen uns hinein in das frische, milde, grüne Juniwasser.

Drüben liegt Venedig.

IV.

Abends, wenn wir im Garten des kleinen chioggiotischen Gasthofs sitzen oder bei zwei brennenden Kerzen auf dem Zimmer, tönt etwas Singendes, das auch in der Lustigkeit leise bebt.

Wir gehn dann auf und ab in der steingeplatteten Hauptstraße, die barhäuptigen Mädchen der Insel wandeln ruhig in der Abendkühle, schwarz das Schultertuch fazzoletto, schwarz der Rock, schwarz die Augen, schwarz das Haar.

(Und eine ferne Stimme ruft: Komm heran! komm heran, Tod.)

Die Stunden auf Dschosa

I.

Ein andres Jahr. Vier Meilen von Venedig liegt jene Insel im seligen, grünen, junilauen Adriatischen Meer. Immer noch. Auf dieser Insel sitz' ich.

Es ist Nacht; zwei Lichter brennen auf meinem Tisch; ich öffne das Fenster einen Augenblick, das wegen allerhand

60

fliegenden Nachtgetiers geschlossen sein muß — und sehe nach, wer im Nachbargarten zu zwei Violinen und einer Laute singt.

Nicht zu erkennen; denn über dem Gärtchen schwebt ein Baldachin. Er schützt am Tag die Menschen gegen die Sonne; behält abends den Platz, weil er die saftig dicken Ranken von grau-rosa und weißen Mauern her an sich gezogen hat; der Baldachin ist mit den gemörtelten Grenzen des Gartens rankig verstrickt.

Wer unten singt, ist nicht zu erkennen.

II.

Olivenbäume, Platanen, Lorbeer, Weinspaliere, rotbraune Dächer, grüne Fensterläden, selbst in dieser Nacht ein zart hellblauer Himmel, das Ganze von jener zuversichtlichen Seligkeit und Ruhe, die ein Nachgeschmack des Paradieses ist. (Oder ein Vorgeschmack?)

III.

Nach einiger Zeit singt wieder eine männliche Stimme. Jetzt ohne Begleitung.

IV.

O kleine Balkons! Das Wort »süß« paßt hier.

Ein Balkon ist genau so lang wie das Fensterchen, vor dem er angebracht ward; keinen Zoll länger; kaum einen halben Meter tief; und besteht aus schlank anmutigen Säulchen. Hie und da ein komisch-edler Löwenkopf, nicht etwan in der Mitte, sondern unsymmetrisch (wie überhaupt alles in Venedig unsymmetrisch ist). Schiefes mit phantastischem Reiz.

V.

Die Nacht war gestern so weich und schwer, daß die beiden Lichter auf meinem chioggiotischen Tisch bald ausgelöscht wurden und ich aufs Bett sank.

Die Sonne liegt jetzt über der seltsamen Schifferinsel, ich gehe mit einem Freund hinüber in das selige, grüne, junilaue Adriatische Meer, wir steigen abermals hinein; und wenn das Wasser bis an den Hals reicht, heben wir nach Norden die Hand und sprechen:

Dort liegt Venedig.

Sturm in Venedig

I.

Regen. Heut ist, am Donnerstag, die große Lagune stürmisch und schlägt an die Steinfliesen der Piazzetta.

Gestern Nacht saß in den gedeckten Säulengängen des Dogenpalastes allerhand verlumptes Volk, zog sich in sich selbst zurück vor dem Winde, der über die Lagunenstadt jagt. Vermummt schlüpften sie über poriggraue Marmorbrückchen, die Kapuze über den Kopf gehüllt, daß sie gleich dunklen Spitzsäulen, die zwischen fallenden Wassern tänzeln, ganz märchenhaft dahingehuscht sind.

Wenn man sie anspricht, haben sie nichts Koboldgleiches! Antworten mit adliger Sittenfeinheit, Bescheidenheit, stiller Einfachheit ... in eben diesen nächtlichen Wetterschauern, wenn sie (wie dunkle Spitzsäulen) über die Brückchen irrlichteliren und in Seitengässeln auf schmalem Pfad am Wasser verschwinden.

II.

Um Mitternacht, als der Sturm recht drohend war, saßen die wassergewohnten Venezianer in mancher erleuchteten Weinschänke; in manchem ihrer kleinen Kaffeehäuser — inmitten von Straßen, die recht in Tiefdunkel starrten und von Wassern stärker, melancholischer durchrauscht wurden.

III.

Um Mitternacht fuhr ich ein Stück auf dem Canalazzo, bis zur Rialtobrücke, am goldnen Haus vorüber, Ca doro genannt, und am Palazzo Vendramin vorbei, Wasserrauschen oben, unten; der Vendramin war klitschnaß; und in meinem Herzen lebte dennoch eine unsagbare Freude.

IV.

. . . .

Um Mitternacht ging ich durch einsame Gäßchen, deren Bewohner längst gestorben; durch schmale steinerne gestorbene Gäßchen; durch Gäßchen mit alten verrosteten Pfortegittern zum Durchgucken; durch Gäßchen mit verstummten Marmortieren, zerbröckelnden; über kleine, gequaderte, gestorbene Plätze mit drei Brunnen aus altem Marmor, mit einer jählings grauen Kirche von holder Liebkosegestalt.

(Und einmal sah ich im Vorbeischreiten, beim schmalen Durchblick in eine schmale Ferne, die Seufzerbrücke nächtlich schweben — die fallenden Wasser weinten an ihr herab.)

Wieder Lagunensturm

I.

Es ist nun Morgen auf dem grünen, weiten, stürmischen Wasser. Der Blick schweift bis an jenen Punkt, wo die heller grünen Wogen des Adriatischen Meers hineinbranden. An die Piazzetta, an ihre Marmorquadern schlagen die Wellen; auf der schlanken Säule hoch brüllt der venezianisch geflügelte Löwe vor sich, die Augen weit geöffnet, der Schwanz peitscht die Lüfte.

Soviel Löwen wie hier sieht man nirgends in der Welt. Und alle geflügelt. Manche davon sind uralt zerfallende Löwen, aus grauen Zeiten der Republik, Löwen mit komisch eingebognem Hintern, wehmütig-stolzem Gesicht.

(Sitzen auf dem Steiß, ihre Verkürztheit zeugt Mitgefühl. Sind heut friedliche Bewohner der friedlichen Provinz Venezien, der stillsten Italiens.)

II.

Vierzehn Tage bin ich hier, bald von Venedig nach der Insel Chioggia eilend, bald von der Insel im Abendschein gen

Venedig über die Flut getragen. Jetzt bleib' ich in der Wasserstadt. Ich sehe vom Fenster die Kirche della Salute aus der
Lagunenwelt steigend. Ich seh' das Sklavenufer entlang, ich
seh' den goldnen Dogenpalast mit den weißen Säulen. Ich
seh' den Campanile schmucksachenhold in den Himmel
dringen. Ich seh' die Piazzetta, die palazzi — und alles ist wie
mit Perlmutter eingelegt auf einem altmodischen Portemonnaie aus den dreißiger Jahren, wie es bei uns im Haus lag,
bevor ich in die Schule ging. Dies Portemonnaie war in einer
Schublade, nachher in einem Fach des Mahagonispindes,
Chiffonière benannt, neben silbernen Leuchtern, der silbernen Fischkelle, den Operngläsern; gehörte meiner Großmama, der feinsten alten Dame mit weißen Löckchen: Ama-
lie Calé. Sie sang öfter das Lied »Hektors Abschied«, hatte
Gitarre spielen gelernt, und ich entsinne mich, wie sie stets
zu Beginn einen Fehler machte:

Will sich Hektor ewig von mir wenden.
Wo Achill mit den unnahbar'n Händen
Dem Petroklus gräßlich Opfer bringt?

Ich weiß nicht, woran es lag, daß meine Großmama Petroklus und nie Patroklus sang.

Manchmal sang sie auch ein Lied: »O Maler, o mal mir
mein Liebchen, o mal es so schön wie es ist; o male die lä-
chelnden Grübchen; o Maler, vergiß es mir nicht.«

Sie besaß das Perlmutterportemonnaie. An ihr gütiges Gesicht werd' ich erinnert, wenn über Venedig Sonne scheint;
wenn vor den Perlmuttersäulen, Perlmutterbogen der perl-
mutternen Paläste die Lagune perlmuttern glitzert.

III.
— — — — — — — — — — — — — — — — — —

Bisweilen bin ich wieder in Chioggia. An einer stillen
Ecke stand: Onorate la memoria di Felice Cavallotti! In
schwarzer Ölfarbe war die Erinnerung an den Toten, lebens-
länglichen Kirchenfeind, Dichter und Duellanten hingemalt

64

... Auf dieser Fischerinsel kauf' ich bei einem Bänkelsang-Händler ein Cavallotti-Lied. Er hält am Sonntag Liebesweisen, Stücke der Göttlichen Komödie, Schauerballaden, Gesänge auf den afrikanischen Feldzug gegen Menelik feil. »Il duello mortale di Felice Cavalotti — canzone popolare novissima.« Tiefes Bedauern, daß Cavallotti, als er mit Macòla die Klinge maß, einen Stich in den Mund bekam, so daß sein edles Blut dahinfloß, was allen nur Schauder erwecken konnte. Es begann mit den Leier-Versen:

> Cavallotti con Macòla
> La sua spada misurò;
> Ma la punta nella gola
> Per la bocca penetrò.
> Corre il sangue in larga vena,
> Cessa l'anima e il respir:
> A cosi tremenda scena
> Debbon tutti inorridir.
> D'Italia il bardo
> Forte e gagliardo
> Cosi fini
> L'ultimo di.

Zum Schluß wies das dichtende Volk rechtens auf die Blödsinnigkeit des Duells. Maledetto sia il duello; ein »dummes Laster«; eine brutta usanza. Dann wieder klagend: d'Italia il bardo ...

IV.

Man feierte das Fest des heiligen Fortunat und des heiligen Felix; Patrone der Insel Chioggia. Ein berühmter Tag; die Schiffer kehren aus entferntesten Gewässern heim, ihn mitzumachen (und ihre Gattinnen wieder zwei Tage lang zu küssen).

An diesem Fest hielt ein feiner und starker Pfaffe, die Auslese feinen Pfaffentums, vor den Chioggioten die Predigt. Er sprach nicht pfäffisch, nicht zeternd, sondern mit weicher, voller Kraft, ging auf und nieder, seine federnde Stimme war eindringlich, er sprach schlicht wie ein sonder Umschweif Gläubiger, zugleich mit der Überlegenheit eines seelenbannenden Sprechers.

War ein schöner, ernster Mann; gesunde, künstlerisch durchseelte Züge, aller abgestuften Wandlungen fähig.

V.

Mit diesen Mitteln zog er gegen die neuere Welt — und erklärte doch, er sei nicht gegen den Fortschritt, nur eins solle man ihm lassen: Gesù, Gesù, Gesù!

Die Kirche sei nicht freiheitsfeindlich, wolle die Wissenschaft auch nicht hemmen; die Kirche sei das Wahre; es gebe heut eitle, unsaubere Schriftsteller, doch die Chioggioten seien ein begünstigtes Volk, und er erzählte den Lebensgang ihrer zwei Heiligen, des heiligen Felix und des heiligen Fortunat.

Beide standen, Fortunat wie Felix, als Wachspuppen unterhalb der Kanzel, mit römischer Kriegsrüstung angetan, darunter mit wollenen Kleidchen, sehr handlich; und die Füße standen auf niedlichen Kanonenrohren, obschon die zwei, Felix wie Fortunatus, zur Zeit des Kaisers Diocletian gelebt hatten, wo es Kanonen nur in verschwindend geringer Zahl gegeben hat.

VI.

Die chioggiotischen Schiffer, heimgekommen die Frau zu küssen, die Patrone zu ehren, horchten auf den politischen Pater; und ich dachte, daß Deutschlands Bühne nicht einen so bewegsam-dringlichen, nicht einen so aristokratisch-innigen Seelenzergliederer besitzt.

VII.

. . . .
Über die Brückchen fegt der feuchte Sturm. Ich schließe mein Tagebuch beim Schein zweier Lichter. Sind jetzt angezündet und auf zwei blaue hölzerne Heiligenleuchter gesteckt.

Ich hab' die Heiligenleuchter in der Via Garibaldi gekauft; noch einen Antonius von Padua. Er ist aus Holz und einem aufgeklebten Bild, recht einfach. Auch eine kleine Lampe gehört dazu, und ein Rosenkranz, und dann ein Gekreuzigter auf schwarzem Holz. Liegt alles zwischen den Leuchtern still. Es stürmt über Venedig.

Demütiges San Lazzaro

I.

Der schönste Platz des Landes ist nach dem heiligen Apostel Markus benannt. Hier sitz' ich und schreibe dies Tagebuch, Kunde zu bringen von der edelsten Stadt, von geliebten Bündeln zarter Porphyrsäulchen, von goldmatten Mosaiks, von marmornen Löwen, mit Flügeln an der Flanke nebst zwei glühenden Augen.

II.

Mitten in den nordischen Herbst hinein sollen diese Stunden erinnern an einen Frühling, an ewige Schönheit, an lindes Wasser des grünblauen Meeres; an dunkel verlorene Feuchtgassen mit sehnsüchtigen Häusern, an verschollene Paläste mit zersprungenem Glanz; an steinerne Flutkirchen; an ein dunkles, entzückendes Mädchen im dunklen Schultertuch; an Gondeln; an gesänftigten Rausch; an alte Bilder Tizians; an die Himmelfahrt Mariä mit hundert süßen, saftstrotzenden, schalkhaften Bengelein oder Kinderseelen; an die weltliche Schönheit dieser holden Venezianerin, die er »Maria« zu nennen geruht; auch an Madonnen des Bellini, über die Maßen anmutvoll — still-ahnungslose Torheit in den ernsten Kinderaugen, als wären sie sitzen gelassen worden.

III.

— — — — — — — — — — — — — — — — — — —

Ich fuhr neulich über die Lagune zu den armenischen Mönchen. Nach San Lazzaro. Die Insel beherbergt nichts als ihr Kloster.

Sie tragen lange Bärte, schwarze Bischofsmützen, schwarze
wallende Gewänder. Sie feierten in diesen Tagen ein Fest.

Die Sonne war im Untergehn, da brachte die Gondel uns
hinüber. Die große, weite, schwermutvolle (bald dunkle,
bald rosa-silberne) Lagune — mit einem Mal brannte sie in
rotem überirdischem Glanz ... dann sanken die Schatten auf
sie.

IV.

Als wir ankamen, lag eine Barke vor dem Klostertor, wir
mußten sie überklettern, stiegen auf die tief ins Wasser
gehenden Marmorstufen, traten unter die Pforte. Sahen in
den Kreuzgängen, die einen grünen Garten umgrenzten,
schwarze Gestalten festlich hin- und hereilen; Halbdunkel
über den Gängen, über dem abendlichen Garten, über den
inneren Treppen.

Ich trat zu einem der umschatteten Männer und fragte
sacht, ob uns zu so später Stunde noch erlaubt sei, in das
Klosterhaus zu treten. Der Priester, ein starker, hoher Mann
von fünfzig Jahren, rief mit ruhiger Freundlichkeit einen
jüngeren — und trug ihm auf, uns alles zu zeigen.

V.

Die Armenier werden unterdrückt; von zwei Seiten ge-
knechtet. Und weil sie heimatlos sind, wollten sie eine Heimat errichten auf einer Insel in den Lagunen; Zufluchtsstätte
für jeden, der ihre Sprache spricht; von wo aus der weiten
Welt er immer kommt.

Fünfzig Priester wirken hier; für Das, was dem Vater aller
Armenier im Himmel zukommt; zugleich für das Wohl ihres
geschundenen Volks auf Erden.

Haben in Venedig eine Schule für die kleinen Armenier
aufgemacht, so gewillt sind, ihr Werk auf der Insel dereinst
fortzusetzen.

Vielleicht schlägt, fern oder nah, die Stunde der Erlösung,
des Jubels. In Erwartung des großen Tages, wo sie, Mißhan-
delte, ihrer Wunden vergessen, einer die narbenbedeckte
Hand des andern packt — in Erwartung dieses großen Tages

bewirteten sie an jenem Abend die Schüler, die man aus Venedig herübergeholt: mit Fleisch und Fisch und süßem Wein.

Und in dem abendlich schönen Klostergarten hatten sie billige Papierlampeln aufgehängt. Auch neben die Glocken ihres Turms. Und eilten geschäftig hin und her: die Lichtlein anzustecken.

VI.

Noch aber lag alles im Dunkel, als uns der Priester umher-führte — nur ein einziger Raum war hell: die Klosterkirche hinter dem Kreuzgang. Diese Tür öffnete plötzlich unser Führer, . . . wir standen inmitten des Glanzes.

Umsummt und umrauscht von den Gesängen alter Männer.

Und wir sahen zwei mit weißen, lang niederhängenden Bärten, Hundertjährige schier, die vorn am Altar vor den dick schwälenden Kerzen würdig, in innerster Ergriffenheit sich beugten, sich drehten . . . und Maria, gebenedeite Mutter des Erlösers, mit gebrochener Stimme priesen aus tiefster Brust.

Machten dabei mit den Armen so wohlanständig-beschei-dene, zugleich doch so innige Gebärden, daß man auf sie hätte zugehn mögen und sprechen:

»Mein lieber, kleiner, guter, ehrwürdiger betagter Vater, ich wünsche: daß du noch eine große letzte Seligkeit, eine himmlische Freude des Herzens erfahren mögest auf dieser Welt; und laß es dir sehr, sehr, aber sehr gut gehn die paar Jahre!«

(So wollte man sprechen.)

VII.

Als wir in Finsternis die Insel verließen, wendeten unsre Ruderer das schwarzbeschlagene Fahrzeug, da es schon ganz von melancholischen Schauern dieser weiten, trauervollen, unsterblich holden Wasserflut umhüllt war, noch einmal nach der Richtung der verlassenen Insel San Lazzaro.

Und jetzt leuchteten in rotem und dunkelviolettem Schein der Turm und die Luft über dem Klostergarten wie ein bescheiden-sehnsüchtiges Fanal.

Und wir wußten: jetzt schmausten dort den einfachen, vaterländischen Jubelschmaus die Greise und die Knaben eines zerschlagenen Volkes.

Ein Gruß ging hinüber durch die Finsternis.

Der neue Campanile

I.

Campanile! Campanile!
»Auferstanden!« (jubeln viele);
»Ruderscht du vor die Piazzetta,
    Wirkt der Eindruck jetzt viel netta.«

II.

Prächtiger Platz, mit Bogen, Zacken,
    Platz, auf dem die Tauben … hacken.
Weil man ihnen Erbsen streut.
    (Und sie hacken stets erneut).

III.

»Horch! Die Campanile-Glocken!«
    Pirna macht sich auf die Socken.
Herrlich an der Adria
    Liegt das Café Quadri! Ja!

Lehrerinnen, säck'sche Grazien,
    Sitzen vor den Procurazien — —
Wo das blonde Frauensbild
    »Ober! einen Wääärmuth!!« brüllt.

Hesperisch

Der Fuhrmann am Gardasee

I.

Wir saßen, meine Mutter und ich, abends am dunklen Wasser, das bei Sternenschein an den Fels schlug. In Erquicken löste sich alles. Wenn ein Luftzug kam, war es wie Erinnerung an verdunstete Glut.

Wir tranken ruhsam den leichten und vollen Goldwein dieser Gegend. Der Glockenturm des dunklen Städtchens ragte drüben in die Luft; das erleuchtet altväterische Zifferblatt strahlte dahin über mild bestrahlte Nachtflut.

II.

Die Wirtin kam ins Freie; sie trat an unsren Tisch. Sie stellte sich nach den ersten italienischen Worten als Innsbruckerin heraus. Einundzwanzig Jahr alt, drei Jahre schon verheiratet; von der harmlosen Anmut österreichischer Frauen aus den Alpenstädten. Ihr zartes Mädchengesicht sah fromm unter herumgelegten Zöpfen in die Welt.

Sie guckte nach der Windlampe auf unsrem Tisch; begann hernach kindlich allerhand zu erzählen. Sie versicherte meiner Mutter, trotz aller Schönheit des Landes habe sie Verlangen, unaufhörlich, nach Innsbruck. Sie liebe die Italiener nicht — obwohl ihr Mann, alles was wahr ist, sie gut behandle. Sie wolle nicht klagen. G'sund seien sie auch alle zwei. Gott sei Dank.

III.

Dann erzählte sie Mordsgeschichten von der verstorbenen Mutter des Manns. Eine alte, eine richtige Italienerin! Ausg'standen habe sie von ihr. Die Alte besaß ein großes Gaschthaus, betrank sich jeden Abend, gab der Schwiegertochter nichts zu essen, und einmal hat sie die junge Frau vor zweihundert Gästen z'sammeng'schumpfen und ihr eine Watschen 'geben.

73

Nach dem Tode der Alten ging es besser. Trotzdem — Italiener! Ihre einzige Freundin in dieser kleinen Stadt, aus der Lombardei stammende Bürgersfrau, hatte kürzlich Namenstag und sie zu einer Wagenpartie eingeladen. Auf der Partie aber ließ das Geburtstagskind in einem Wirtshaus das Teuerste, Beste vorfahren, ohne zahlen zu können; sie selbst, der Gascht, mußte alles bezahlen. »Die G'schicht' hat mich über zehn Gulden gekoschtet«, sagte sie schmerzbewegt.

Das alles erzählte sie mit einem leisen, stillen Liebreiz und mit einem Anflug jener furchtbaren Dummheit, welche den Tirolern so häufig nachgerühmt wird.

IV.

Als ich, sechs Jahre früher, zum ersten Mal auf dem Gardasee fuhr, summten in der Luft selig die Liedworte »Kennst du das Land ...?« in Beethovens Melodie.

Jetzt erneute sich der Zauber. Waschblau die Flut. Man schwört: wenn ich vom Fahrzeug die Hand ins Wasser stecke, kommt sie waschblau heraus. Aber sie kommt weiß heraus.

(Das griechische Küstenmeer zwischen Patras und Korfu schäumt ebenso dunkelblau, nein, dunkler blau — und es hat, ha, noch salziges Wasser! Italien ist: Hellas für Unbemittelte. Taormina: Ersatz für die Akropolis. Wie der Königssee ein verbilligter Fjord ist.)

V.

Felsen steigen braun aus diesem italischen See. Man beugt sich zurück, auf ihre Höhe sehn zu können — weil da oben Kirchen, Häuser, Dörfer sind. Bloß eben hingekleckst, am Rand. Daß die ja nicht in den See fallen!

Wenn der Wind weht — wir fangen ein paar Kirchlein ... als Mitbringsel, Mutterle!

VI.

Wo die Zitronen blühen, sind Marmorpfeiler am Felsgestad. Ganze Reihen. Schimmernde Pfeiler. Steigen amphitheatralisch und machen einen recht antiken Eindruck.

74

(Das dunkelgrüne Laub sticht von diesem Weiß ab; halb geduckt hängen mattgelbe Limonen; manche noch grünlich, aber von einem helleren Grün als die dichten Blätter.)

Gelbgrün runde Früchte schmiegen sich in einer dunkel-grünen Wirrnis, die Marmorpfeiler gleißen in der Sonne, blaue Wellen schlagen an den Strand. Es ist, wenn man es recht erwägt, im Grunde genommen ohne weitere Um-schweife sozusagen blödsinnig hübsch.

VII.

In Gargnano verließen wir das Schifflein.

Die Sonne brennt. Wir steigen; diese Orte mit Orangen- und Zitronenwäldern liegen ja terrassig.

Ich kriege schreitend einen Kerl an, der mit verkniffenen Augen, faul und mißtrauisch und schweigsam seinen Weg hinansteigt. Ob er uns in einen der großen ummauerten Zitronengärten führen könne.

Er lächelt, zieht einen Schlüssel aus der Tasche und nickt. Er ist der Gärtner von einem.

Nach fünf Minuten öffnet er in der alten Steinmauer ein altes Tor. Der Garten geht hinauf, hinauf, immer hinauf.

Alles glänzt von Marmorpfeilern, alles glüht von reifen-den Früchten; von tiefen, brennenden Blätterfarben.

Der Mann lächelt; zeigt auf schlanke Stämme dort: im Geäst hängen Hunderte von Limonen. Krankgewordene Früchte liegen herum. Die Bäume sind empfindlich, müssen in der Gesundheit behütet werden.

Der Gärtner pflückt uns Früchte, von jeder Art, wie wir lustig sind: gelbe, grüne, zwitterfarbige, faustgroße, nied-lich-kleine. (Pomeränzchen, gleich einer Kirsche.) Der Mann läßt uns die Wahl.

»Wollen Sie uns Früchte verkaufen?« — »Verkaufen? Nein! ... Schenken? Ja!« Mit zwinkernder Anmut.

Er führt uns in den Olivengarten. Sagt nicht viel; nur zeit-weilig, bei Stücken von unerhörter Fruchtbarkeit, dreht er sich triumphierend um; eine Handbewegung: als ob er der Urheber dieses Naturspiels wäre. Geht stolz weiter.

VIII.

. . . .

Auf den Oliven zirpen die Grillen. Am Ufer dieses blauen Felsensees ist hoch an den Stein eine waghalsige Fahrstraße gesprengt.

Da geht man spazieren in der Morgensonne, drunten liegt irgend was Unwahrscheinliches.

Hier auf graugrünen Olivenbäumen zirpen millionen-stimmig die Grillen. Sommerlicher Lebensruf, riesenhaft und lieblich.

(Den ganzen lieben langen Sommer tun diese vereinigten Zentral-Grillengenossenschaften nichts andres, als sich hei-ser zu singen ... und aus voller Männerbrust die Schönheit zu rühmen. Ich müßte das auch.)

Oleander hoch wie eine Mauer.

Kakteen mit fetten, triefend langen Stachelblättern.

Myrte; gibt es nur halbsoviel Jungfern in meinem Vater-land?

IX.

Auf der Steinbrüstung, an der Fahrstraße, turmhoch über dem blauen Traumgewässer, liegt eine halbmeterlange, fette, leuchtgrüne Eidechse, am Vormittag. Kitschig in einer Barke fährt ein Fischer vorbei, in seinem Bauerndialekt singt er eine langgezogene Melodie, so an den Felswänden empor-hallt, die Eidechse hebt wahrhaftig den Kopf und horcht. Wie sie da so in der Sonne blinzelt, das wunderschöne ge-sunde Vieh —.

X.

... Herrlich, oben hoch im offenen Einspänner entlangzu-jagen, bis in den sinkenden Abend. Von Gargnano bis in die stille Bucht von Salò.

Herrlich, bei dämmerndem Morgen in solchen Wäglein etliche Meilen abermals zu durchfliegen. Durch Dörfer zu sausen, die am hohen Ufer hingelagert sind. In den See zu blicken. Mit der Hand nach etwelchem glühenden Gezweig zu haschen.

XI.

Den Hut schief auf dem Kopfe, sitzt nachmittags der Fuhrmann oder vetturino vor uns auf dem Bock. Knallt mit der Peitsche, raucht — in schiefem Winkel die endlos dünne Zigarre zwischen den Zähnen. Stramm sitzt er da.

Wenn ich nicht ein deutscher Schriftsteller wäre, welches von allen Berufen zweifellos der schönste ist, möcht' ich so ein Vetturin sein. Lebt in guter Luft, kennt den Weg, und bezweifelt nichts.

Sooft er mit uns in ein Dorf einfährt, rennen die Frauen und Mädel an die Fenster. Manche grüßen ihn wohlgefällig, ein Fuhrmannsberuf ist sehr was Schönes, eine wirft eine Handvoll Blumen herab, welche am linken Hinterschenkel des Rosses niedergleiten und überfahren werden. Der Vetturin lächelt. Knallt mit der Peitsche. »Via, via« ruft er, was auf Deutsch »Vorwärts« oder »hü« heißt.

Leser, ein Fuhrmann wie der möcht' ich sein. Und mitten in das Leuchtende wollt' ich rufen, vom Wind umweht, von Zweigen gestreift, von Augen gegrüßt:

Via! Via! Via! Via!

— — — — — — — — — — — — — —

(Wenn ich nicht Schriftsteller wäre!)

Die Schönheitsinseln
Mercede

I.

Ich wollte nach den Borromeischen Inseln reisen, die Jean Paul beschrieben hat. Ich steckte den »Titan« ein, so heißt das Buch, und fuhr nach Süden.

Jetzt haus' ich auf den Inseln der Schönheit. Bin heut nacht der einzige Fremde hier. Die erste heißt Mutterinsel, die andere heißt Fischerinsel, die dritte heißt Schönheitsinsel. Die dritte bewohn' ich.

77

Alle drei waren ehemals nackte Felsen, aus der Flut starrend. Da ließ ein Graf Borromeo sie mit Erde bedecken, vor drittehalb Jahrhunderten. So entsproß eine Blühnis.

Um mich strahlt es: mit hängenden Gärten, seltenen Düften, absonderlichen Blumen und einem Traumschlößle; leuchtend schwimmt alles im Frühlingssee; schlechthin Lago maggiore genannt.

II.

Tot bist Du, Carlo Borromeo. Auch Du, Vitaliano; und Dein Bruder Kardinal; ihr schlaft in rostender Stille.

Doch eure Inseln blühen fort; der Enkel besitzt sie, Graf Borromeo; gestern saß er beim Frühstück hier, mit seiner vierzehnjährigen Tochter. War von Mailand herübergekommen, wollte wohl Gewißheit, ob die Schönheitsinsel noch vorhanden. (Wär' ich der Besitzer, mir träumte manchmal, sie sei schweigend in den See gesunken, weil sie zu schön ist. Oder habe sich, als ein ausgemachtes Wundereiland, in die Lüfte gehoben — und sei davongeschwebt.)

III.

Davongeschwebt mit der dunklen Mauer, die aus der Flut steigt. Zypressen stehn daran, fünf Stock hoch; totenhaft, feierlich — Wächter des großen Südens; Ewigkeitsposten.

Aus dem Fels langen Agaven ins grünblaue Wasser. In Zitronengärten, in dicken Kamelienbüschen singen die Vögel. Und himmelsfern lugen Gipfel, vergletschert und furchtbar, hinab in die Seligkeit.

Das ist die Schönheitsinsel oder Isola bella.

IV.

Drei Tage bin ich nun hier. Nicht vierzig Familien wohnen auf der Insel. Die Häuser übereinandergeklebt. In hundert Sekunden wäre die Länge der Insel abzuschreiten — wenn der seltsame Bau nicht eben terrassenförmig in die Luft stiege.

Die Väter gehn auf den Fischfang. Die Töchter sitzen unter freiem Himmel; flicken Hemden, verkaufen geflochtene Kleinigkeiten, wenn ein Schiff anlegt.

Am Abend stehn sie mitsammen zwischen den Gärten an der Mauer; schwatzen, gucken über die Flut und singen.

Die schönste heißt Mercede Varesi; achtzehneinhalb, großgewachsen, gebräunte Züge. Augen wie dunkler Stahl, mit langen Wimpern; und blondes Haar.

Sie schrieb ihren Namen mit eigner Hand in mein Tagebuch, eifrig und lächelnd: »Mer ... ce .. de Va ... re ... si.«

V.

Alle sträuben sich, die Insel zu verlassen. Eine der Töchter hat nach Arona geheiratet, einem reizenden Ort am südlichen Ufer. Die Schwestern sagen, daß sie es jeden Tag bedauert. Sie erklären ausdrücklich: nur auf dieser Insel sei es schön.

Die Venezianerinnen haben eine feine Melancholie — die Töchter von der Schönheitsinsel weben ganz in holder Zuversicht.

Die Familien trinken selbstgebauten Wein. Jede hat am Uferberg drüben ein paar Stöcke, hinreichend für den Verbrauch des ganzen Jahres.

Zwischen die Vogelnester ist ein Bethaus gekleckst. Auf den Bergen ruht Wunderglanz; Abendschein auf der Flut. Ein kleiner Priester trommelt eben die Kinder zusammen. Im Innern ein Leuchtfleck von der roten Lampe, sonst Finsternis. Und im Dunkel beginnt es zu summen: ... gratia plena ... benedicta tu in mulieribus ... nunc in tenore morti nostri ... ora pro nobis peccatoribus ...

Im ganzen hat die Insel drei Kirchen. Die Zahl der Einwohner beträgt hundertsechzig.

VI.

Heute war ich wieder im Schloß. Es erscheint jedesmal festlicher, mit seinen Marmortreppen, mit Mosaiksälen voll alter Kristalle, mit verlassenen Balustraden.

Es hat Fernblicke durch kühl schweigsame Gänge auf bläuliches Wasser, blauen Himmel — am Ende des Gangs steht ein Marmorbild zwischen der Dämmernis des Innern und dem leuchtenden Luftmeer. Galerien, die über die Flut hängen. Geheimnisvolle Türen. Magische Seitengemächer, still beleuchtet. Ein unterirdisches Geschoß, stalaktitgewölbt.

Oben Prunkhallen; geschnitzte Herrlichkeit vergangener Jahrhunderte; Alabaster aus verschollener Zeit; alt-edle Saiteninstrumente; Mauerkästen von dunklem Elfenbein. Andenken, verwitternde.

Seltsames Wappengetier; immer aufs neue das Einhorn als das borromeische Sinnbild: ein stolzes Pferd, auf der Stirn das lange, einzige Stoßgeweih, damit es einen Löwen durchbohrt ...

Kostbare Wandbehänge. Unter Gemälden fünfzig Naturstücke des Holländers Molyn, den man »Ritter Sturm« genannt hat oder Cavaliere Tempesta.

Bei einer Sünderin des Veronese mach' ich jedesmal Halt. Auch vor dem nachgedunkelten Männerkopf eines Unbekannten.

Von den Wänden grüßt die Zeit. Aus den Möbeln wieder. Auf dem abseitigen Lager dort schlief die Königin von Britannien. Tut ihr kein Zahn mehr weh. Im himmlischen Himmelbett wälzte sich vor Marengo der Korse. Liegt mäuschenstill — im Invalidendom.

VII.

Es wachsen Märchenbäume draußen. In Höhen und Tiefen duftet es. Am schwersten, süßesten ein Geruch von goldgelb hohen Wolken blühender Mimosen; Bäume sind es, die über den See funkeln, mit niederfließendem Gezweig; jedes schlankfeine Blatt aus hundert schlankfeineren Blättchen gebildet; daneben strahlendselig gelbe Duftkugeln.

Es gibt Magnolien, haushoch. Kamelienstämme, wie ein Wunderregen vom Manzanillobaum, roten und weißen Überschwang verströmend.

Absonderliche Sträucher auch, wo die Blume mitten auf dem Blatt wächst; sie heißt ruscus. Dann Veilchen, sozusagen ausgelassen, haufenweis, nicht mehr im Verborgenen blühend. Sehnsüchtig betörender Duft von weißen Daphnebüschen. Schimmernde Gloria der rosa Pfirsichblüten. Lorbeerbäume, dreihundertjährig, weit und hoch wie Paläste.

Und das dunkle Meer von Myrten, gleich einer Flut gestaut unter den Orangengärten.

Indiens dämonische Grüße; der Osten ruft; die Tropen winken. In dieser Luft gedeiht der Teestrauch. Ein alter Blätterriese schickt Kampfergeruch wie tausend norddeutsche Kleiderschränke ... Ha, auch die Aloe sprießt aus dem Höhlendämmer.

(Und eine wüst-gewaltige Libanonzeder, dieser Eichbaum der Semiten, gurgelt Psalmen zu Adonai.)

VIII.

Säulen auch hier; verborgene Gänge; verwittertes Gebild; schwebende Brüstungen; steinerne Ungeheuer; weiße Pfauen, jäh emporflatternd; tief umsponnene Wirrnis seltsam verschachtelter Terrassen, bald voll holden Mosaiks, bald brutal felsig und roh, rätselhafter sich versteigend, auf der letzten Höhe wieder das mystische Tier, das Einhorn — und alles schwimmt mit Duft und Vogelsang im See.

IX.

— — — — — — — — — — — — — — — — — —

Hätt'st Du es erblicken können, Jean Paul! Du hast es nur beschrieben; nie gesehn.

Wie der arme Schiller nicht in Wilhelm Tells Land gekommen ist: so trugen Dich allein die Fittiche Deines glühenden Herzens auf die Inseln der Borromeer.

Aus fernen Berichten träumtest Du Dir alles zusammen; (und so machst Du ein »Eichhorn« aus dem Einhorn. Was tut es!)

Feierklänge rauschen auf bei Deinem Namen. Großer unergründlicher Jean Paul, Herrlicher unter den Deutschen!

Die Stunde für Deine Erkenntnis wird schlagen. Heut ist 1901. Mit ausgestrecktem Arm, den Blick in tiefem Glanze, stehst Du in der Welt, lächelnd und schmerzlich und sehnsuchtsvoll.

Die Sehnsucht schrieb Dein Buch, wie Deine Bücher alle.

Dein junger Albano fährt mit verbundenen Augen ins Jugendland — es »stellte Dian, ein Grieche von Geburt und ein Künstler, welcher Isola bella und Isola madre öfters umschifft und nachgezeichnet hatte, ihm diese Prachtkegel der Natur in feurigen Gemälden näher vor die Seele«. Sie fahren, bis die Lerchen sich in den Gesang der Ruderleute mengen. Dann kommt ein Augenblick, wo der Träumer oben steht auf der zehnten Terrasse und hinübersieht. Albanos umschleiertes Herz leuchtet auf, als »sich Fasanen von der Madre-Insel in die Wellen warfen«; (selbst ein trockner Begleiter huldigt diesem Anblick und zog ihn »einigen Tempestas im borromeischen Palaste bei weitem vor«.) Hier soll Albano Ruhe finden, unter den »Blüten des welschen Frühlings«. Und er wird ein gerechter Herrscher sein.

Du aber, Jean Paul, träumst: »Ich wüßte einem Menschen, den ich lieb habe, nichts Schöneres zu wünschen, als eine Mutter, eine Schwester, drei Jahre Beisammenleben auf Isola bella, und dann im zwanzigsten eine Morgenstunde, wo er auf dem Eden-Eiland aussteigt und alles dieses mit dem Auge und der Erinnerung auf einmal genießend umfängt.«

X.

. . . .

Während ich schreibe, steht das Fenster offen. Die Erde dampft vom Regen. Am Spätnachmittag fuhr ich wieder nach der Mutterinsel und kam vor einer Stunde zurück. Sie ruht paradiesisch, im Schlafe der Verlassenheit. Nur vier Gärtner bewohnen sie heut.

Das Fenster steht offen. Neben mir duften die paar Zweige, die ich mitgebracht. Der schönste hat sich über den »Titan« gelegt.

Roma

I.

Während ich auf dem Mittelmeer (unter Verwendung eines kroatischen Fahrzeugs) zwischen der Vesuvstadt und dem französischen Ort Marseille woge, schwanke, gleite, schwebe, wackle, fliege, will ich das Gedenken feiern an Gegessenes. Schlllff!

Vorher das Gedenken eines merkwürdigen Augenblicks. Ich fuhr in einem kleinen Wagen durch Rom, sah das Getümmel, rollte hinauf und in die Tiefen; erwog, daß ich dies alles neun volle Jahre nicht gesehn ... und erblickte plötzlich einen Straßennamen, der sich mir ins Herz grub.

Er war: Via della consolazione; auf deutsch: Gasse des Trostes ... Mancher wird lachen und nicht wissen, was man daran finden kann. Aber manche werden es trotzdem wissen. Im Jagen durch die Welt sieht man irgendwo, jählings, an einer Ecke, den Beginn eines verborgenen Pfads — daran geschrieben steht: Gasse des Trostes.

(Noch brauch' ich dich nicht; bleib, wo du liegst — schnarch im Dunkel!)

Kutscher, vorwärts!

II.

Was nun dies in Rom Gegessene betrifft: so kam es nach einer liebhaberisch zerkochten Artischocke. Es trug sich an einem festlich einsamen kleinen Tisch einer schmucklosen, mit Kennern rechnenden Kneipe zu. Die Räume sind keine Hallen; bloß ein paar abendliche Zimmer ... mit weißgedeckt verborgenen Tischen wie aus entschwebter Zeit. Jedes Gericht besonders fertig gemacht, es gibt gewiß keine Riesenkessel, aus denen alles mit der Kelle geholt wird ... Nach einer Artischocke, salsa bianca, (der schwierige Punkt bei einer Artischocke bleibt, sie meisterhaft zu zerkochen) kam das Beste.

III.

Es war ein gâteau all' arancia — somit ein Pomeranzenkuchen. Orangenhaut war verwendet, nicht etwa zu einem

Mus flüssig gemacht: sondern folgendes begab sich. Ein süß
zerrinnender Teig war übergossen mit ihr, die zu einem ganz
scharfen, beißend durstigmachenden Strom gewandelt war
... und oben drin steckten höllenschwarze Kirschen; derart,
daß all dies Wesen in einem scharfen Duft von unbeschreibli-
cher Kraft zum Himmel stieg.

Ich aß, weil ich morgen abreisen wollte, des Vorrats wegen
drei Stück.

IV.

Wandelte dann durch die Straßen; mein Odem zerschnitt
Steine. Bei jedem Wort entglitt eine Baumschule von Pome-
ranzen, auf den Umfang eines Fingerhutes zusammenge-
drängt — und im Traum dieser Nacht hielt ich meinen Leib
für Johann Maria Farina, gegenüber dem Jülichsplatz.

Schllllfff ...!

V.

Was mir von unwichtigeren Dingen aufsteigt, ist folgendes. Alle diese romanischen Völker, alle diese Menschen, die
man hier trifft, die einzelnen wie die Herde, scheinen zu
murmeln: ich verschnaufe.

Die Altvorderen haben viel getan. Die Enkel klimmen
ins Altenteil. Die Nordvölker (lange nicht so angenehm sind
sie) machen das Rennen. Willen haben die Nordvölker noch,
die Südvölker wenig. Die Franzosen stehen köstlich in der
Mitte, sind scharf, imperatorisch, wallungsvoll — doch jeder
ist so selbständigklug, daß er zu Taten im Glied, im Schwarm,
von den Antreibern kaum noch verwendbar wird; sie lassen
sich als Kanonenfutter nicht gern brauchen. Hier sind keine
Gehorsamsmenschen mehr: weil sich alle zu urteilen gewöhnt haben.

(Die Todesbereitschaft fehlt, wo die Kritik erblüht ist;
ecco.)

Es wird das Schicksal dieser Lateinvölker sein, eines Tags
aufgekauft zu werden. Ihr Käufer wird angelsächsisches Blut
haben; mag er diesseits des Wassers, mag er jenseits wohnen.

Die Angelgermanen besuchen und lieben dieses Land: bevor sie es enteignen.

VI.

Oder wird es von der Slawenschaft überklettert? erstickt in einem wilden Miau? Der Serbe kommt. Ich sehe das ...

In die Mark der Adlig-Matten
  (Die verfeinte Fasern hatten,
Hohes Blut und edle Knochen)
  Sind die Katzen eingebrochen.

Johlen, jubeln, jaulen, juchzen,
  Schwingen Schwänze, schlenkern, schluchzen,
Kreischen Sieg und trommeln Krach,
  Sitzen selig auf dem Dach.

Auf dem Dachfirst, welch ein Sums,
  Quarren, Mauzen, Schweifgebums;
Durch den Welt-Sarmatengau
  Singt es satt und süß: Miau!

Der Serbe kommt. Leb wohl, Italien ... (Was haben die Römer davon gehabt, daß sie Römer waren?)

VII.

Ich forsche hier, wo das Herz Hesperiens lag. Mich dünkt, am Palatin von Rom. Von dort sah man zu den Sabinerbergen; über das Forum ... Kern der Frucht!

Man stelle sich auf den Palatin ... und stelle sich auf die Akropolis: so hat man den Unterschied zwischen einem Stamm von nüchtern-feurigen Eroberern und einem Stamm salzvoller Frühkünstler. Vom Palatin erblickt man: die nette, nicht ins Unendliche schweifende Landschaft. Von der Akropolis erblickt man: selige See mit seligen Inseln, seligen Buchten; Wunderland in Morgenfrische.

Vor den Sabinerbergen wuchs das Kolonialvolk; vor den kykladischen Inseln ein Geistervolk, das heute noch lebt —

das nach dem Sterben wie ein Ariel heiter durch die Welt zieht, ... während die Römer wirklich mausetot sind.

VIII.

Die Sabinerberge sind erblaßt vor einem verfallenen Ding mit Rosen und Kaskaden.

An den Kaskaden sah ich drei Mädels Wäsche waschen. In allen Ländern locken mich waschende Frauen. Lebenslänglich sollte man sie schildern ... wie jemand bloß ein Kuhmaler ist.

IX.

Nachher legten sie die Wäsche schier auf ein Brett, bedeckten das Haupt mit einem zusammengeringelten Wäschestück, luden hierdrauf das Brett und wandelten so, die Arme in die Hüften gestemmt, aufrecht und vorsichtig, die verfallene Treppe hinan, die von den Springteichen hochführt. Und ich sah, daß sie zugleich voll und schlank waren. Zugleich wundersam schwerwandelnd. Dabei sehr schwarz. Ein Rabe glänzt, ... sie jedoch waren trocken-schwarz; verbrannt-schwarz. Die eine zählte siebzehn Jahre, war aber die vollste, zugleich schlankste — und die nachtschwärzeste. Und schritt wie ein Reitersmann. Und wendete sich, wo der Treppenweg die Biegung macht, noch einmal um ... und lachte noch einmal.

X.

Dies insgesamt war mir nicht unwillkommen.

Ich warf den Blick auf die Berge ... (von denen einstens die Römer sich ihr Hauskreuz holten, raubten, wegschleppten — wär ich damals auf der Welt gewesen, ich hätte die Siebzehnjährige gepackt).

Teutones in pace

I.

Es ist 1899. Herr Pecci, der Papst, liegt im Sterben. Abermals meldet sich die besondere Magie jener Stätte, wo der alte Mann, glaubensstark von Berufs wegen, im Bett ringt ... und durchaus nicht ins Paradies kommen will. Er will halt nicht.

II.

Seitlich von der Peterskirche erhebt sich was — zwischen gelb und braun und rötlich schwankend; mit vielen Fenstern; fast zurückgezogen und versteckt, ja man könnte sagen: auf der Lauer liegend. Das ist der Vatikan.

Geistigste Festung; ohne jedes Abzeichen des Kriegs.

Die schweigsamen Fenster schielen vor, wenn man der Grabstätte des Petrus, über die Michelangelo seine Kuppel wölbte, mit aufgerissenen, zugleich enttäuschten Augen naht.

Über dieser ganzen Stadt liegt Blutdunst. Die Römer und die Päpste haben hier gehaust, hintereinander zwei Jahrtausende. Die Römer: die Bluthunde. Die Päpste: die Blutkater. Golgatha, Golgatha!

Am Morgen sieht man erschüttert den Gigantenbau, wo Rom die Christen losgelassenen Bestien vorwarf zum Vergnügen der Einwohner; und am Abend (am ersten Abend, den ein Deutscher in Rom verbringt) sitzt man draußen auf den Stufen des Vatikans; hinter diesen Mauern wohnt ja die zweite Macht; welche das alte Raubtier Rom beerbt; von hier wird — nein, wurde die Welt regiert.

Der Unkriegerische umzaubert von hier die Gemüter, bis nach Australien.

III.

Auf den Stufen des Vatikans sitzt man mit zusammengeschnürter Kehle; halb in Verzweiflung über das Nutzlose des weiten Menschheitsgeschicks — obschon dieses Papsttum

87

einen Fortschritt bedeutet wider die Völkerwanderungs-
bestien.

Man stürzt los und läßt sich, wie zur Befreiung vom See-
lenkrampf, durch zwei flinke Rößlein wegführen aus diesem
scheintoten Stadtteil mit verschlafenen Säulen; springt hernach aus dem Wagen auf einen abendlichen, einen stürmisch
belebten Platz, wo vor den Cafés heutige Menschen wim-
meln und Zeitungshändler brüllen.

Der eine schreit: »L'Avanti! l'Avanti! l'Avanti!« Das ist so-
zialistisch. Man stürzt auf ihn los. Grade dies Blatt muß es
sein — in diesem Augenblick. Erlösung!

(Und wenn man's überflogen hat; wenn das Herz von dem
unsäglichen Sturm der niederschmetternden, einzigen Stadt
nur ein wenig zur Ruhe kam, dann drängt sich gleich die not-
wendige Frage auf: und die nächste Macht? Wann beginnt
sie? Auch diese Weltmacht war die letzte nicht.)

IV.

Der Canossagänger Heinrich fraß den Groll hinunter;
hoffte Rache von der Zukunft Deutschlands. Bismarck?
Schon frohlockte Preußen. (Die evangelischen Superinten-
denten und Konsistorialräte — die nicht Priester, sondern
Beamte sind; Gottbürokraten.)

Doch der derbe Emporkömmling mit dem Slawenhaupt
konnte gegen eingesessene Jahrtausendmacht nicht an. Focht
mit einem überlegenen Gespenst. Hieb in die Luft — Bismarck zog mit Beulen ab.

V.

Diese Macht kann nicht durch einen Mann gestürzt: sie
kann bloß durch eine Bewegung abgelöst werden.

Ablösung und Auflösung.

Am Organisiergeschick der römischen Kirche hat noch
niemand gezweifelt; man soll sie organisieren lassen; zum
Schluß nimmt man ihr die Sorge mit einem kräftigen Händedruck des Dankes ab ...

Die Italiener blicken auf diesem Feld weiter als wir. Der
Pfaffe Don Albertario, der mit Aufrührern sozialistischen

und anarchistischen Bekenntnisses jetzt, 1899, im Zucht-
hause sitzt; der mit letztem Fanatismus freiheitlicher Gesin-
nung, als ein unerschlaffter Kämpfer, für Volksrecht eintrat:
der war ein Kleriker. Generale packten ihn. Schleppten ihn
zum Verließ. Waffenträger sind es, so auch die andren verge-
waltigt haben.

Immer ruhig organisieren lassen — und dann den Händedruck.

VI.

Nun die Päpste keine Blutkater mehr sind, schreitet der
Ketzerich mit stillen Gefühlen, stiller am Vormittag als am
Abend, an jener verborgenen Fensterfront entlang, wo der
alte Pecci gebettet liegt und sich gegen das Paradies rasend
sträubt.

VII.

Man ist jenem hysterischen Schwindel fern, den katholi-
sierende Snobs versuchen: aber den seelischen Wirkungen
dieser leise besänftigenden Welt entgeht niemand.

Wer durch das Tor schreitet, erblickt zum Überfluß einen
kleinen Kirchhof zur Linken, und über der Pforte steht in
schweigenden Lettern: »Teutones in pace«.

Sehr seltsam, dieses Teutones in pace. Man sieht die paar
Gräber der Deutschen, die hier »in Frieden« schlummern.
Ein paar deutsche junge Kleriker (vielleicht sind sie aus In-
golstadt? vielleicht sind sie aus Neisse?) — gehn still vorüber,
lächelnd, von der Vormittagssonne beschienen, das blonde,
kurzgeschorene Haar von keinem Hut bedeckt; sie sind hier
beheimatet.

Sehn aus jungen, wachleuchtenden Augen im Vorbeischreiten nach der versteckten Fensterfront, vor der sich die
Kuppel kolossalisch reckt; mit den Fingern streifen sie spie-
lend an dem kleinen Gitter lang, über welchem geschrieben
steht:

Teutones in pace.

Ja, es ist ein Zauberort. Sturmgefriedet lauscht ein Winkel der Welt: die scheintote Sonderstadt, in deren Lüften das Wunder webt. Der alte Herr mit der spitzen Nase, dem spitzen Kinn ruht in seinen Betten. Die Kardinäle sind schon an der Arbeit. Lautlose Arbeit; verborgen; scheintot.

Der Nachfolger wird weiter organisieren, wie der Vorgänger.

Und eines Tages schlägt die Uhr, und der Oberpriester sieht, wie groß die Bewegung geworden ist; wie die Soldateska immerhin die geringsten Aussichten hat.

Und er treibt in den Arm der neuen Macht, welche Millionen für sich hegt, die fünfzig Millionen und die hundert Millionen.

Die Götterdämmerung bricht an. Und es heißt:

Homines in pace.

IX.

(Genau so kommt es. Oder so ähnlich zum allermindesten.)

Florentinischer Juli

I.

Wozu es verheimlichen, Leser, daß ich tagsüber, seit ich in Florenz bin, ohne Bekleidung herumlaufe. Oder herumliege.

Höchstens, daß man zum Frühstück ein bissel zu Bonciani geht; immer im Häuserschatten, katzenheimlich an der Wand entlang. Dort ißt man zwei Pfund Maccaroni mit Tomatensaft und Parmesan; dahinter drei Scheiben kaltes Roastbeef; dahinter eine Süßigkeit; beträuft alles mit einem halben Liter Chianti vecchio (bianco). Schlllff!

Und wenn die elfte Vormittagsstunde dahin ist, sitzt man abermals im kühl verdunkelten Zimmer, entkleidet.

Gegen Abend geht man aus; in der Dunkelheit nimmt man die Hauptmahlzeit.

Wenn die Mitternacht näher zieht, löffeln alle Florentiner aus Weingläsern Limonen-Eis; manche Tamarinden-Eis; manche den blutroten Eistrank Grenatino. Dies die wichtigsten Angaben über die Kunstdenkmäler der Stadt.

II.

Ich will arbeiten. Ich will schreiben.

Eine Ahnung steigt mir auf, verblüffend: daß dieses Schreiben allzu lang nicht werden wird. Es ist ein Glaube, ja eine Gewißheit ... als ob in der Ecke des dämmerig verdunkelten Zimmers ein Engel stände, der zu mir spricht: »Über ein Kleines, so wirst du aufhören zu schreiben.« Kriegt er Recht? Es ist aber ein Botticellischer Engel, wohl aus den Uffizien durch die Sonnenglut herübergeschwebt, und seine stillen, schönen nackten Füße stehn lieblich auf dem kühlen Fußboden. Er könnte mit den Flügeln einen sehr hübsch fächeln. Und seine Prophezeiungen sind so angenehm.

III.

In der Ecke, wo der Engel gestanden hat, summen allerhand zanzare, welche man auch gewissermaßen-sozusagen Mücken benennen könnte.

Die Fensterläden sind zu, der eine läßt ein bißchen durchgucken. Unten in der Sonne rollen kleine Wagen mit vorgespannt munteren Eselein dahin. (Daß die Tiere nicht blödsinnig werden vor Hitze, bringt mich in Erstaunen. Auf den Kopf hat man freilich ihnen sehr liebenswerte Hauben gesetzt, aus weißer Leinwand, und mit Häkeleien durchbrochen ... Auch die florentinischen Omnibuspferdchen tragen weiße Hauben, weiter hinten eine Art Jäckchen, bei den größeren ist das schon eine Nachtjacke; sehn aus wie Beamtenfrauen in der Morgenstunde.)

Das alles schau' ich aus meiner Wohnung.

IV.

Mit Wohnungen hab' ich großes Glück. Die jetzige liegt an dem Fluß Arno; schrägüber von der steinernen Burg des

Signoriapalastes; in welchem die Medici das große Wort führten; und von den Uffizien.

Unten am Haus ist, nach dem Wasser zu, ein kleiner Garten: in welchem abends etwan hundert Leuchtkäfer schwelgen. Diese grünschimmernden Lümmels treiben einen beispiellos ausgelassenen Unfug mit nächtlichem Herumgeflieg' in Ölbäumen und Weinspalieren; und wenn man so gegen zwölf hinunterguckt, wird man geblendet, wie sich die Kerls balgen und küssen und auftauchen und schwinden.

Ich sehe — jenseits des Gärtchens, jenseits des Flusses, jenseits der florentinischen Türme — durch diesen Fensterladenspalt auf Zypressenhöhen, auf Olivenhaine der Talwand.

Die Höhen, von denen Florenz umgeben ist, sind das Lieblichste der Stadt. Denn im Innern ist sie wenig reizvoll. Oh, lange nicht so schön, wie ihr Name klingt. Schlagt mich tot. Die Wahrheit muß herfür — sagt Ulrich Hutten.

Ich hatte mir Phantastisches gedacht ... und fand einen geräuschvoll geschäftereichen Ort. (Nach Venedig ist es schwer, hier zu leben.) Glaubet mir, liebe Freunde: es gibt auch einen Italien-Schwindel. Es wird übertrieben! Was ein andrer sieht, seh' ich auch. Aber nach den Schilderungen deutscher Italienfahrer hatte man sich unter Florenz (immer die innere Stadt ins Auge gefaßt, denn die Landschaft der äußeren ist entzückend) einen Böcklinschen Platz vorgestellt. Ich dachte mir was Schattig-Schönes. Was DunkelgrünSteinernes mit zarten Rosen — ja das war es: dunkelgrünes Gestein mit Blumen, mit Schatten, mit Brunnenstille.

Die Wirklichkeit bringt mir den verdammten Vergleich mit Dresden. Er ist schon so oft gemacht worden. Aber trotzdem wahr. Hol's der Teufel! Fast eine Woche braucht' ich, den Gedanken loszuwerden.

Ob der Florentiner sächselt?

V.

Ich habe mir Erdbeer-Eis holen lassen. Ein großer Weinkelch voll. Erfrischt sehr. Ich schreibe jetzt was ins Tagebuch über die neuesten Reden Wilhelms des Zweiten. Er hat zu den Schauspielern beim Regierungsjubiläum gesprochen; müssen überrascht gewesen sein. Sie erfahren, daß sie, die schlechten Histrionen des Berliner Schauspielhauses, bedeutsam genug sind, beim Selbstrückblick auf ein zehnjähriges (ungemein rastloses) Wirken und Schaffen als die am herzlichsten ausgezeichnete Kunstkraft gerühmt zu werden. Mit doppelter Freudigkeit bringen sie künftig die vom kaiserlichen Herrn bevorzugten Dichter, sei es Hebbel, sei es Lauff, zu Ehren. Was aber den Naturalismus anlangt, wogegen der Jubilar was hat, so ist der beim Hebbel doch auch zu finden. Ja, viele behaupten, daß naturalistische Dramendichtung zum großen Teil auf jenem erbarmungslosen Seelenfeststeller aufgebaut ist. Wilhelm verschmäht (und schmäht) sie. Der Kaiser hat nachweislich naturalistische Dramen auf einer Bühne niemals gesehn. Da er ein Urteil über sie fällt, hat er also ...

VI.

Donnerwetter, da steht der Engel abermals. (Ich hab' ihn schon erwartet.) Er gibt mir ein Zeichen. Er selber wischt sich mit der Rückseite der linken Hand den Schweiß von der Stirn, fächelt sich mit einem sanften Schnupftuch ein bißchen und schaut genäschig auf meinen Rest Erdbeer-Eis.

Keinen Strich mehr, sag' ich — höchstens noch einen leidlichen Schlußsatz anstandshalber.

Ich begieße mich jetzt, noch einmal, mit Wasser von Kopf zu Fuß; ziehe mich langsam, sorgfältig, recht leicht an; wanke dann zum Abendessen.

VII.

Bis Mitternacht schlürf' ich noch Limonen-Eis; nach der Heimkehr steck' ich den Kopf aus dem Fenster und beobachte die Leuchtkäferiche.

Sie Botticelli, schauen Sie, daß Sie in die Uffizien kommen.

Padua

I.

Bist du nicht auch in Padua gewesen? ja; es war 1898. Tagebuch her.

Es war ein Nachmittag; und ein Abend, an dem wir den
heiligen Antonius besuchten und seine prachtreiche Kirche
— und wie viel Donatellos erblickten wir nicht an diesem
Abend ... der Kerl von Küster mußte, weil es dunkel ward,
einen Wachsfaden anstecken, leuchtete mit dieser Funzel hinauf, immer hinauf an die goldigen Donatellos ... und wir
krochen durch sämtliche Heiligtümer ... und bestaunten Al-
tarsimse ...

II.

Draußen stand das wundersame Reitergebild; und wir
kauften einen hölzernen Antonius in einer Bude dicht ne-
benbei ... War schwarzlackiert, der Heiligenschein gelb und
abnehmbar, durch eine Holzspitze in den Hinterkopf einzu-
stecken ... auch das Christkind, das er im Arm trug, blieb
abnehmbar ... (und alles steht heutigen Tags bei mir, nebst
andren Heiligen des Südens, welcher meine Heimat ist) ...

III.

Und am nächsten Vormittag in Padua erfuhren wir aus
dem Reisebuch, nachdem wir auf dem harten Lager eines
Weinschenkenwirts von Flöhen erstochen worden, daß es
noch herrliche Fresken von Giotto zu sehn gibt ... und wir
sprachen: o weh, es gibt hier noch herrliche Fresken von
Giotto! (Denn unser Sinn war auf die Welt, auf die Luft, auf
die Straße gerichtet.)

IV.

Sie befanden sich aber in einem Garten — der Garten zog
uns mit seinem Gestrüpp und seinen Bäumen mehr an als die
Fresken, an diesem Vormittag. Und wir warfen dennoch einen Blick auf sie — und zogen von hinnen, indem wir spra-

chen: jetzt sind wir die Fresken los, dem Himmel Dank, möge Giotto glücklich werden!

Und gingen, atmend, durch den hellen Vormittag, und dachten: »Königin! o Gott, das Leben ist doch schön!«

V.

(So Padua.)

Vorhof Liguriens
Zwischenspiel: Genf

I.

Dezemberausgang. Werden diese Zeilen die letzten sein? Nicht des Jahres, sondern meines Lebens? ... Mir ist so zu Mute. Nach Mutters Tod. Krank. Herunter.

Der Arzt hat mich weggeschickt; Arbeit untersagt.

Ich blicke still über den Genfer See — der »Anblick gibt den Engeln Stärke«. Will zu schreiben versuchen. Wenn es nicht geht, hör' ich auf ... Wie bin ich hergekommen? Graues Regenwetter. Ich darf nicht ausgehn; sitze nur schläfrig im Balkonzimmer.

Trotz dem Regen, der seit zwei Tagen fließt, ahnt man die ganze leuchtend-sachte Herrlichkeit dieses Seegebildes, das sich mit altem Grün, mit Lichtgrün, mit Gelbgrün, mit Schwarzgrün, mit Holzhäuselchen, mit getürmten kyklopischen Gletscherwildheiten und mit einer schimmernden Flutfläche dort unten, dort drüben breitet.

II.

Das Haus steht hart am Wasser; nicht bloß der beste Gasthof Genfs; sondern einer der liebsten und sozusagen seligsten, die mir auf meinen Kreuzfahrten über die Erde zu Gesicht gekommen sind ...

Immerhin; ich möchte selbst in diesem wundermilden Haus nicht sterben — obschon alle Bequemlichkeit vorhanden ist. Im Zimmer, mit hellen, seidenhaltigen Tapeten, steht ein blauseidenes Bett, von dem ich noch über den See gucken kann, wenn das Auge schon bricht — und im Badezimmer nebenan, wo Erfindungen zwischen edlen Zauberkacheln auf einen Druck losgehn, könnte man gut meinen Leichnam waschen; würde dabei noch die letzte Lust fühlen.

III.

Wollte sagen, wie ich hergekommen bin. Es ist ganz drollig, die Christnacht im Schlafwagenzug zu verbringen.

Während meine Lokomotive durch Deutschland saust, sieht man durch die beschlagenen Fenster Tannenbäume brennen. Es hat manches für sich. Schon hinter Thüringen brannten sie. Am Main brannten sie noch immer. Bis man das Licht ausknipst, die Vorhänge herabläßt, schlafen geht. (In Basel wird man wieder ins Leben gerufen. Müde dämmert man hernach weiter; mittags ist man in Lausanne.)

IV.

Lausanne, wie herrlich war dieser Name, bevor man den Ort kannte. So geht es einem.

Ein bestimmtes Bild macht man sich; mit allen Farben seines Tuschkastens tuscht man es — und wenn man hinkommt ...! Aber nein; doch nicht bloß Enttäuschung; sondern irgend ein bestimmter Punkt ist hinterdrein schöner, als man ihn gedacht.

Lausanne hat sehr bergige Straßen. Ich fuhr empor. Der Wagen hielt — schon außerhalb der Stadt. Ich wollte fast ärgerlich sein und meinen Fluch über Lausanne murmeln; da sah ich drüben etwas Unglaubliches, noch stärker als ich es geträumt: Bergzacken, Schründe, Gletscherwände, Schneefelder leuchtend an einem blauen Wasser. —

Obgleich man die Sache von Schokoladepaketen kennt, sieht es in Wirklichkeit großartiger aus.

Und ein seltsamer Duft kommt hinzu. Sechshundert Meter hoch, im Winter, riecht es hier nach allerhand heilsamen Kräutern, betäubend, erfrischend. Es ist vom Schicksal, dacht' ich, nett, daß es mich vor dem vielleicht nahen Verlassen der Erdkugel das noch riechen läßt.

V.

Dann wankt' ich hinab zum Universitätsplatz, stieg von dort allerhand Stufen (darunter köstlich-alte von Holz) zum Dom aufwärts. Ich glaube, daß Rudolf von Habsburg die Einweihung vorgenommen und den Baukünstler mit dem Roten Adlerorden ausgezeichnet hat.

Aber ich ließ den Dom auf sich beruhen und stellte mich auf die Plattform davor. Hier bot sich ein verwandtes Schauspiel wie oben — Chocolat Suchard.

VI.

Ich schreibe das hier spaßend hin, aber in Wirklichkeit war man wie vom Donner gerührt. Gewiß, der Pic von Tenerifa, der auf einer holden kanarischen Insel mit seinem Eiskrater in den halbtropischen Blausüdhimmel glotzt, hat mich innerlich stärker umgewälzt — weil man zugleich wußte: das ist der größte Vulkan dieser Erde, und er steigt (gewissermaßen durch die Insel hindurch) vom Meeresboden auf. Der Pic von Tenerifa hat mich nachdenklicher gestimmt; diese Gletscher jedoch waren erfrischend und unvorhergesehn.

In solcher festen Überzeugung eilt' ich auf den Bahnhof, um Lausanne schleunigst zu verlassen.

VII.
— — — — — — — — — — — — — — — — — —

Als ich in Genf ankam, fiel mir ein, daß heute mein Geburtstag war. Denn meine verstorbene, liebe Mutter hat mich in derselben Nacht geboren, die von etlichen hundert Millionen Menschen gefeiert wird. Ich hatte das zum ersten Mal vergessen. Der Regen rann.

Es gab eine öde Fahrt in jenen Gasthof. Dann, auf dem Söller, den eine Rampe deckt, sah ich von diesem feinen schweigsamen Haus hinüber zu den Gletschern jenseits der graublaugrünen edlen Flut. »Mon lac est le premier«, soll

Voltaire vom Genfer See gerufen haben (es steht auf meinem Fahrplan).

Niemand kann ihm das verdenken.

VIII.

Und obschon alles eintönig wurde durch graues Plätschern; obschon alles versank in der traurigen Stummheit dieses Tags; obschon in der schleirigen Luft wenig zu sehn war: so fühlte man dennoch den stillen Glanz, das sachte Leuchten der Stadt. (Man hat sie kaum kennengelernt — und weiß, wie man sie liebt) ...

IX.

Und am Abend, als ich von meinen verzaubert stillen, schönen Zimmern hinunterging in den Eßraum, wo eine Handvoll Amerikanerinnen (mit aufgeräumt-banausischen Gatten) tolle Perlen; wo russische Damen unglaubliche Steine still über der gepuderten Brust trugen; wo Patrizier von Genf speisten (eine Exilstimmung umwob alles, denn die frohen Tage von Genf sind im Herbst und im Frühling, jetzt ist, Gott sei Dank, seine tote Zeit) — da stand mitten auf dem Spiegelparkett eine Tanne mit Lichtern, und ihre Nadeln rochen nach den Bergen, wenn sie von der Flamme zwischendurch etwas angeröstet wurden.

X.

Die Köche hatten nicht geknausert: es gab nur feiste Leckerbissen; wieviel von Edelpilzmus, Trüffeln, Gänselebern jedem Gang beigefügt ward, steht nicht fest. Ich fand es gut vom Schicksal, daß es noch eine Geburtstagsüberraschung hatte. »Dieses Mahl«, dacht' ich, »wird das letzte meines Lebens sein — aber es war auch das beste meines Lebens.«

... Ich höre zu schreiben auf. Der See hat sich umdunkelt. Ich konnte noch keinen Fuß heut über die Schwelle des schweigsamen Hauses am Wasser setzen. Undurchdringlicher Abend ist von den Gletschern gestiegen; breitet sich fast zärtlich über den See.

Der winzige Leuchtturm sprüht Schein über die Flut. Lichter jenseits, diesseits, tief und hoch, strahlen. Ein Schiff mit grünen Flammen eilt zur Stadt.

Genf, ich liebe dich.

XI.
Von hier kommt man in einem Nachmittag ans Mittelmeer?

Morgen bin ich dort.

Ligurien

I.
Das Schiff tanzt ein bißchen. Zwar kann ich Marokko nicht mehr sehn, aber ich fühle seinen Hauch — wenn abends in aller Windbewegtheit, die jedes Wesen torkeln läßt, etwas Warmes über die hohen Wogen zieht; ein Lüftchen, das in der Wüste gewachsen ist ...

Ich kam hierher von der Schwelgerküste: Riviera genannt. Stieg dann in Genua auf ein italienisches Fahrzeug (das nach Südamerika will); werde morgen auf den Kanarischen Inseln aussteigen — dann wieder nordwärts ziehn. (Jedem Freunde meiner Schriften bring' ich einen Kanarienvogel mit.)

II.
In Genua wurde mir klar, daß alles Italienische der Örtlichkeit, für die F. Schiller vergebens durch seinen »Fiesco« Reklame zu machen versucht hat, mehr und mehr schwindet; und was allein über diese Ländereien hinschallt, ist der Ruf: »Herr Ober!«

III.
Ich war erstaunt, am ersten Abend nichts in der Stadt des verstorbenen Lavagna zu hören als: »Herr Ober!« ... »Herr Ober!«

Als ich den Ruf in Ligurien vernahm, war ich trotzdem froh, mein Nachtmahl in dem prunklos weißen Raum eines einfach ausgestatteten, bloß mit weißen Tischtüchern festlich gestimmten Speisehauses (mit guter Ölküche) zu schlucken — ich ziehe halt diese Form des Essens dem Aufenthalt in einer Gralsburg mit protzigem Bratenduft vor.

Das Schiff steigt und fällt. Drei Gläser und eine Karaffe sind nebenan vom Tisch gefallen. Mir tut es nichts; bin seefest; (der Commandante hat mich gestern, als alle untreu wurden, einen vecchio marinaio genannt: einen alten Seefahrer. Hat Recht.)

IV.

In Ligurien liegt Montecarlo. Das erinnert mich sehr an Bayreuth.

Zwei Wallfahrtspunkte der Menschheit — aus allen Ländern. Bloß nach diesen zwei Ortschaften strömen sie so von überallher ... und bleiben einige Tage nur, um völlig gesammelt den mit dem Orte verbundenen Zweck zu erfüllen. Oben auf einem Hügel in dem einen Fall. Auf einem ins blaue Meer springenden Fels im andren Fall. Das eine Mal ist es der Festspielhügel; das andre Mal schlicht der Spielhügel.

Jedenfalls kippt nun das hesperische Schiff so auf die Seite, daß ich beinah über den Tisch wie über den Kopf eines Pferds zu fliegen drohe.

V.

Schön waren sie, diese wundersam strahlenden Farbenbeete, Balustraden, Spiegelsäle, Huren. Auch Spießer aus Preußenland. Bin, obschon ich verloren habe, für Erhaltung dieses Orts; zu seinem Zweck. Irgendwo in der Welt muß es einen Punkt geben, wo bürgerliche Führung zeitweis aufhört ... O Marmorvestibül der Gaunerburg, wo man sich bei erlesenem Duft für den Entscheidungskampf rüstet. Manchem ist um zehn so zumut, wie dem Torero, bevor er in den Stierzirkus tritt. O Gaunerburg.

Eine Oberstleutnantstochter; blickt in Potsdam wie eine Madonna drein — doch hier, hinter der Mama, hängen ihre Augen wie an zwei Schnüren bis auf das grüne Tuch; an den

Backen rote Flecke, zwischen Ohr und Hals ... Die Stamm-
gäste zucken sämtlich.

O Gaunerburg.

VI.

In Genua wie Donnerhall der Ruf: »Herr Ober!« An allen
Abendtafeln des verkafferten Ligurien breiten sich Ehepaare
Norddeutschlands hin. »Es regnet — da nehm' wa alle vier
ein Droschkonggg!« Ferner: »— Eß man Flooomen (Pflau-
men) — das is jesund.« Dies noch: »Ham Sie'n Walzer-
troooum jesehn«« — »Von wem is er denn?« — »Da fragen Se
mich zu viel.« — Beim Essen: »Ich hab' frische Strümpfe angezogen ... meine Füße waren janz feucht.«

VII.

Jetzt liegt alles hinter mir. Der Atlantische Ozean (links
davon Marokko) hebt Schiff und Menschen hoch, stuppst sie
tändelnd zu Tal und zerstört Karaffen.

Delphine, Schweinsfische, springen herdenweis; heut
Morgen hat ein Schwertfisch, lang wie mein Arbeitszimmer
im Grunewald, einen Springbrunn in die Lüfte geschickt,
riesig, und ein Albatros flog über ihm.

VIII.

Alles liegt hinter mir. Das Felsennest — und meine blanken
Goldfüchse.

Vor mir die Inseln mit den Kanarienvögeln.

Genua

I.

In dieser Stadt verschwor sich Johann Ludwig Fiesco. Man
geht herum, atmet den zusammenströmenden Hauch des
Südens, der Meerfrische; guckt auf Schiffsleute, die Boccia
spielen und Wein trinken.

Erklimmt auf steilem Pfad Seegefels und staunt im Stra-
ßengewimmel über freche Bauart, wenn eine Gasse sieben

Stock hoch über der zweiten entlangführt; über unver-
schämte Häuser, die sich an jedem Abgrund hinpflanzen wie
Kastelle.

Man blickt in manche bergig-enge Seitengasse (mit aufge-
hängten Unterhosen); auf die Vergeudung an Marmor.

Sieht alte Palazzi mit herrischem Türgewölb. Nicht so düster kriegerisch wie die Paläste der Florentiner; sondern eben
von adligen Reedersippen voll Verschwendung erbaut ...
Und mittendrin wird man den Gedanken nicht los an Johann
Ludwig Fiesco, der sich in dieser Stadt verschwor und un-
terging.

II.

Als Zehnjähriger ist man im Fühlen und Denken ein In-
dianer. Als Fünfzehnjähriger: der Graf von Lavagna, Gio-
vanni Luigi de' Fieschi, Edler von Genua. (Geschmeidige
Tücke.)

Der wirkliche Fiesco fiel durch Zufall ins Wasser; ersoff
wie ein Kätzchen; kein Verrina hat ihn ertränkt. Dies Brück-
lein, wo es geschah, liegt heute zwischen Schienen und Speichern. Noch trägt eine Gasse den Namen des Geschlechts.
Man findet sie kaum.

»Diese majestätische Stadt! Mein! Und darüber empor-
flammen, gleich dem königlichen Tag! Es ist schimpflich,
eine Börse zu leeren — es ist frech, eine Million zu verun-
treuen, aber es ist namenlos groß, eine Krone zu stehlen.«

Zwischen Schienen und Speichern.

III.

———————————————————————

Eines schönen Morgens ging ich ins Schloß der Doria.

Dicht bei Meer und Gebirg. Vergilbter Bau. Der alte Garten am Meer trägt herrliche Palmen — und einen Brunnen-
Poseidon mit den Zügen des Andreas.

Derselbe Doria hat sich als Herkules verewigt, riesengroß,
in Marmor.

An der Wand hängt er in Öl, prahlsüchtig als antiker Held
gekleidet. Dann wieder in Öl, schon greisenhaft, mürrisch,

krank. Aber das seltsamste Bild ließ er im späten Alter machen. Er sitzt triefäugig da, mit einer braunen Katze.

War sein Lieblingsvieh.

Der Doge von Genua, der »gewohnt ist, daß das Meer aufhorcht, wenn er spricht« — bei Schillern — hat auf der Welt zuletzt keine Freude denn ein Katertier. Wie man ihn konterfeien will, hält er drauf, daß sein Herzblatt mitgemalt wird. Taprig blickt er zu ihm hin. Fiesco war um diese Zeit schon ins Wasser gefallen.

IV.

In der Ecke steht noch der Mantelhalter des Andreas. Dort hängt er den Purpur auf, wenn er sich's bequem macht. Von vergoldet gewundenem Holz.

Der erhabene Greis bekam das Schloß von der Republik zum Geschenk. Nach der Wasserseite führt eine schöne Plattform, breit, mit Balustraden. Dort mag er herumspaziert sein und »Miez! Miez!« gerufen haben.

V.

. . . .

Ach, meine Lieben: die venezianischen Palazzi sind anders. Schweigsamer, tiefer durchleuchtet von stiller Schönheit. Die kehrt nicht wieder in der Welt. Ich bin ein alter Venezianer, völlig ausgepicht; es kommt gegen diese Stadt nichts auf.

Nicht mal der große Zug des Doria-Schlosses, das an keiner lauernden Lagune, sondern dreist am salzigen Meere liegt. Venedig gebiert tausend Träume, jeden Abend, unsterbliche, jeden Morgen, jede Stunde. In der Trauer; im Zerfall; in der Sehnsucht; in zerbröckelnd entrinnender Totenanmut.

VI.

Genua dagegen gebar bloß den Kolumbus, der hinauszog, eine Welt zu entdecken, so daß am Grünwasserplatz oder Piazza aqua verde sein Standbild errichtet worden.

Und heut! Amerika gehört den Amerikanern. Genua ist ein mittlerer Platz für eine Flotte.

Venedig aber bleibt unüberwindbar. Denn es kann wohl in den Farben umschattet, in den Träumen gewandelt: aber durch keine Politik vernichtet werden. Es bleibt ja der hohe Zufluchtswinkel des Verlangens, sturmgefriedet und gebenedeit, für alle Tieferen, die in Herrlichkeit leben, doch in brausender Herrlichkeit einmal stillhalten ... und zum ewigen Bewußtsein kommen.

VII.

Machtvolles Genua? — Winziges Genua.

Neapel

I.

Ich hatte Fieber in Genua. Im Abenddunkel lief ich hinab zum Hafen. Ein Schiff sollte spät nach Neapel fahren. Zwei Halunken traten an mich heran. Ich fragte, ob der »Dominico Balduino« abgegangen sei. Er liege noch da; sie wollten mich hinrudern.

Durch die Nacht ruderten wir los. Saiteninstrumente tönten, die niemand spielte. Ich sah Zypressen und Rosmarin. Schlafende See. Funkenregen von krudelschönen Sternen. Zwischen Kuttern, Barken, entschlummerten fremden Fahrzeugen mit griechischer Inschrift glitt und schlich das Boot mit den zwei Halunken fort. Hinten, in der braunblauen Dämmerung, lag die Stadt Genua, mit zwanzigtausend Lichtern, in Höhen und Tiefen. Vorn die Nacht ... und das blutaufreizende Mittelmeer.

II.

Die Gestalten der zwei Schufte schwammen in Blau und Braun. Ich sah noch manchmal, wie sie sich zurücklegten, den Unterleib emporstießen und ausholten.

Am nächsten Tag war ich krank.

Drei-, viermal kroch ich auf Deck. Die Insel Korsika erschien aus Wolken; verblich in der Ferne. Wir fuhren hart an Elba vorbei.

Aus diesem blauen Meer also war er hervorgegangen. Aus dieser holdselig dunklen Leuchtflut. Das letzte große Ungeheuer, das Du, sterbender Süden, der Erde geschenkt hast.

Sterbender Süden? Kältere Rassen verteilen heute die Welt.

Am zweiten Morgen stieg ich in Neapel ans Land.

III.

— — — — — — — — — — — — — — — — — —

Auf einem Nachbarschiff war ein wundersames Frauenzimmer aus dieser Gegend, das sich nun ausbooten ließ. Blutjung, mohrenbraun, mit rotsammetnem Umhang, im bloßen Kopf. In der Rechten trug sie einen dicken, duftenden Strauß von weißen Orangenblüten; ein bäurisch grünes Sonnenschirmchen.

Als sie in das Boot stieg, warf sie sich über die Querbänke auf den Rücken, schmiß die Pakete neben sich, stopfte die Orangenblüten als Kissen unter den Kopf, das schwarze, unbedeckte Haar fiel in ihr schönes, braunes Gesicht, und so, ganz im leuchtenden Schein, wurde sie davongerudert.

Die Schiffer hatten um den Kopf brennend rote Tücher.

Ich war jetzt gesund.

— — — — — — — — — — — — — — — — — —

IV.

... Graus des Südens! Neapel ist ein Lumpenmarkt, ins Übersinnliche gesteigert.

Viele Bewohner wirken wie Affen, mit schwarzen Punkten als Augen. Verleiblichung dumpfer, verhungerter Gier. In allem, was sie tun, kraftlos, tierisch, ausbeutungssüchtig, ohne Fröhlichkeit. Der Graus des Südens packt mich. Sie scheinen bösartig, störrisch, ausgebrannt, lauernd-lüstern, zu jedem Opfer allzu schnell bereit.

Nach Berichten vermutet man, dies Schnorrertum sei liebenswürdig. Es ist ohne jeden Zug von Liebenswürdigkeit.

Die feinste Straße wimmelt von Hexen, Lumpenpack, Galgenvögeln, Kot. Blutige Lämmer im Fell hängen zwischen feinen Geschäften, wahnsinnige Fische mit Schleimgekräusel werden angeboten in zeterndem Singsang, Weiber mit Baßstimmen preisen Zwiebeln an, nebst allerhand seltsamen Stengeln.

Die Straße leuchtet von Orangen, Zitronen, draufgehängten Kirschen. (Die Kirschen sind schmal und länglich; im Geschmack von junger, fleischiger Frische.)

Seitengassen steigen hoch, besät mit weißleuchtenden Blumen; die Verkäufer halten Rosensträuße, schwere Sträuße von weißen Kamelien in den Händen, springen auf die Wagentrittbretter, jeder quakt, singt, heult, miauzt; Inder und Ägypter von den Schiffen trotten zwischendurch; Bürstenbinderinnen arbeiten auf der Gasse; Kinder pfeifen, viele wälzen sich in Staub und Nässe, machen Feuer mitten auf dem Damm; edle Gesichter scheinen begraben in Schmutz, alles spuckt, rülpst, stinkt, Schüsseln mit Hammelohren stehn feil, Gemüse liegt auf dem Bürgersteig, Esel, Maultiere, Gäule quer angebunden, anreißende Fuhrleute, massenhaft lärmende Schuhputzer, kleine Ziegenherden, Ochsen, mittendurch Aristokratie in Equipagen im Garten der Villa Nazionale, der zwischen Meer und Palmen und blaustrahlenden Judasbäumen entlangführt, wimmelnde Spitzenwägelchen für Neugeborene, von Böcken gezogen, von Ammen in tollem Luxusgewand bedient, schwarze Kälber fressen hart daneben auf der Straße Grünfutter, schwarze Ochsen gehn hintereinander her, rote Kopfbedeckung wogt obenauf, plötzlich wird aus der Höhe was herabgegossen, drei Männer brüllen gegeneinander los, man denkt, sie erschlagen sich, plaudern aber nur; alles handelt, bietet Geringfügiges an; von fünf Jahren ab; irgendwo, ohne daß ein Kaffeehaus besteht, haben sie einen Tisch auf die Straße gerückt, spielen Karten, fünf Ziegen sind an das Tischbein gebunden; jemand steht auf, melkt ein Glas voll, spielt weiter.

Geschwüre, furchtbar; und eitrige Blattern! Wieviel menschliche Scheußlichkeit, bald ausgemergelt, bald gedun-

sen! Wieviel Roheit gegen Tiere, die man gegen den Unterleib mit dem hölzernen Stiel der Peitsche haut.

Graus des Südens.

V.

. . . .

Inmitten dieser Umgebung, am Kramplatz oder Mercato,
schläft Konradin von Hohenstaufen; seines Geschlechts der
letzte; besiegt bei Tagliacozzo; hingerichtet durch Karl von
Anjou: doch überdauernd in Gesängen den Dreck der Stadt,
den Rost der Zeiten und die namenlose Schwermut des
Todes.

Er war ein Kind, lebte bei der Mutter in Schwaben.

Der Papst bannte das Kind.

Das Kind zog über die Alpen; schlug die Schlacht; kniete
vor dem Henker.

(Die Mordstätte säumt ein verwitterter Burgrest, von
Grün umwachsen, hart daran die Karmeliterkirche, das Meer
klopft zwanzig Schritt fern ans Gestein — und zwischen
Kastell und Bethaus der schmutzig verstaubte, stinkende
Trödelmarkt.)

VI.

Mord am Anfang, Mord am Ende. Wieviel Schlächtereien
sah diese Stadt?

Verständlich, allerdings, die Gier auf Stadt und Golf und
Inseln: als auf ein Besitztum von nicht zu sagender irdischer
Schönheit.

Wer Neapel verläßt mit seinem Auswurf, seiner Bande,
seinem Gesindel; wer an das dunkelblaue Meer kommt mit
leuchtenden Trümmern daran: der ... ahnt Griechenland.

Dunkelblaues Meer, leuchtende Trümmer daran.

Himmelsschöne dunkle Menschenbilder; griechische
Häuser; drüben der feuerspeiende Berg und die befreiten
Städte.

Taumelbecher der Welt, holdselig, komm an die Lippen.

Brausendes Leben, tu den tiefsten Zug — und grüße strahlend auch die Untergegangenen.

— — — — — — — — — — — — — — — — — —

VII.

Die Untergegangenen. In Pompeji scheint es, als ob sie im Innern der Wohnungen sich verborgen hielten; heraustreten könnten. Aber man wandelt im Reich der Vergangenheit. Tragische Todeserinnerung. In der starren Lava sind die Körper der Gewesenen schrecklich aufbewahrt.

Ein Mädelchen, unbekleidet, das sich rasch noch ein Gewand überziehn will, ist vom Tod erfaßt worden; der Anblick des jungen Körpers hat etwas Rührendes. Ein Sklave schlief, den Kopf auf die Hand gestützt; ist so hinübergegangen in die Ewigkeit; die Züge des Gesichts mit furchtbarer Treue zu erkennen. Eine Mutter und ihr Kind starben in enger Umschlingung. Andre ziehn die Glieder krampfig an den Leib, da der glühende Tod sie überkommt. Alles das sieht man, als wär' es gestern geschehn.

An den Wänden, an der Außenseite der Häuser noch Kritzeleien, so übermütige Jugend damals neckend hinmalte, wie heut; Namen der Wahlkandidaten, von Parteigängern eifrig an die Wand gekratzt. Es ist, als hätte die Zeit in diesem einen Fall stillgestanden.

In den Kneipen Weingefäße noch auf den Gestellen. In Kaufmannsläden Öl-Amphoren auf dem Ladentisch. Noch liegt frischgebackenes Brot da, kohlig erstarrt in zwei Jahrtausenden — man möchte die Semmeln mit dem hübschen Muster anbeißen; noch liegen Eßwaren herum; gelangten in keines Pompejaners Magen. Das alles hat die Lava ... gerettet. Gerettet!

Auch die Bilder an den Wänden. Wie ließ doch jeder bessere Bürger der Stadt anmutvoll Speisezimmer, Schlafzimmer, Empfangszimmer mit Gemälden ausstatten. Gebrannte Farben auf die Wände gesetzt. Und was für Bilder! Ein Frauenkopf, wie gestern von Böcklin gemalt. Nicht etwa Dinge, die langweilen, als Antike, steif, zu der wir kein herzhaftes Verhältnis haben — sondern entzückend lebensprühende Sächelchen; schalkhaft; nachdenklich; himmlisch; voll wundersamer Farbtönung. Das alles hat die Lava ... gerettet. Die blonden Neger hätten es zerstampft.

VIII.

Von Pompeji ritt ich auf den Vesuv.

In Torre Annunziata Fest des heiligen Franziskus. Es hingen um seinen Baldachin, den man durch die Straßen trug, zwanzig tote Hähne und Hennen. Ein kleines Lamm, über und über geschmückt mit farbigen Papierblumen, schritt an der Leine. Dazu wurde Trompete geblasen, alle Bewohner von Torre Annunziata ergingen sich in froher Spannung.

IX.

Der erste Teil des Ritts in englischem Trab. Dann verfiel das Roß grundlos in Karriere. Ich tat, was zwei Monate lang ein preußischer Rittmeister mir beigebracht: »Hacken runter, Fußspitzen nach innen, Fäuste abrunden, Schenkel 'ran, sitzen wie ein Licht.« Immerhin: Zitronenbäume, deren Geäst über Steinmauern hing, bedrohten das Augenlicht. Der Gaul blieb reich an Einfällen.

Jetzt erst sah ich, wie der Führer, der sich hinter mir hielt, von Zeit zu Zeit den Peitschenstiel an den Unterleib des Pferdes brachte, weil er früher zurück sein wollte zum Fest des heiligen Franziskus. Ich gebot ihm, voranzuziehn. Jetzt ging alles gut, unter dem Zitronenregen durch; an wundersamen, hohen Bauernmädeln vorbei; bis hinauf zur einsamen Pferdehütte, die schwindelnd über dem Golf liegt.

Kletterei.

Bis ans Schienbein im braunschwarzen Lavastaub. Die Steine sind beim Hinanklimmen locker.

Endlich kriecht man hinauf zum Krater, bis an den Rand. Legt sich, von Führern ermahnt, auf den Bauch, um nicht hineinzufallen.

X.

Aus dem Schlunde dringt ein fauchendes Gebrüll schauerlich. Wie wenn ein unvorstellbares Raubtier röchelnd schnauft. Der Schlund geschwängert mit nicht durchdringlichem Schwefeldampf. Heiße, rot- und graue Riesenwolken stoßweis; manchmal in gelbgrauen Stößen, welche den Atem benehmen; Lungen und Augen verderblich.

Wenn der grollende Rauch zur Seite zieht, gewahrt man für einen Augenblick Eingänge, dunkle Höhlen, Abgründe ... im Innern des Feuerberges.

Man ist in Dampf gehüllt.

Der Kegel fällt jäh ab.

Nach einer Weile klettert man hinunter.

XI.

Dem feuerflüssigen Wesen der Sonne war man auf die Entfernung eines Sprunges nahegerückt.

Ein Gefühl, das für die Dauer dieses Lebens nicht verlischt.

Hier steht man an den Pforten.

XII.

Wir kamen hinab. Ich sah in der Tiefe die Häuser von Pompeji; noch einmal empor zu dem furchtbaren Gipfel.

Er war doch milder als die Goten und die Vandalen. Sie schlugen in Splitter und Staub ... eine Welt. Er aber hütete, tödlich sanft, mit dem Feuerstrom, als einziger das Angedenken dieser verwehten Gloria.

Rettete vor der Vandalenschaft drei Menschensiedelungen — noch heute nicht von ihren Bewohnern verlassen.

XIII.

Um Neapel ist Leben und Tod. Erschütternd größtes Grab der Erde, Friede sei mit Dir.

XIV.

Zwei Nächte schwamm ich wieder auf dem Meer. Die letzten Worte dieses Tagebuchs schreib' ich auf gallischem Boden. In Marseille.

Messina

I.

Nachts in Messina schlief ich in einem altitalienischen Haus; die Korridore trachytgeplattet.

Ein blutjunges, ehrfürchtiges Stubenmädel mit einem Heiligengesicht von Bellini — die beim leichten Verneigen die Arme demütig hob ...

Ihre Mutter war just angekommen, und das ganze Haus bewirtete diese Bäuerin mit patriarchalischer Freundschaft in dem marmornen Treppenflur ...

II.

Da stand ich, gegenüber vom Festland.

Ein Deutscher denkt hier an Sylt. Einem Sylter mit Ahnen hätt' es geschehn können, daß seine Altvorderen auf dem Festland und im selben Haus wohnten, das er nun auf der Insel bewohnt. Im selben Haus.

Eine furchtbare Welle schied Sylt eines schlimmen Abends vom Lande, wie Gibraltar von Afrika, wie Messina von Reggio ... Auf dem Meeresgrunde zwischen Schleswig und Sylt ruhen Häuser mit Knechten, Mägden, Gäulen, Hunden; Dörfer und Gemeinden.

Wird eines Tages das schmale Halb-Eiland Italien, auch Hesperien genannt, mit seinen Statuen und Bildern, mit seinen Weinstöcken und Gesängen, mit vielen schwarzen Augen auf dem Grunde liegen, begraben und verschluckt vom Salzwasser, Schwamm, untermeerischen Höhlungen und nassen Vulkanschlünden? Weshalb sollte nicht im Großen möglich sein, was im Kleinen Wirklichkeit ist?

III.

Es kommt mehr auf die Stimmung eines Menschen als auf die Beschaffenheit einer Landschaft an ...

Schön ist jedenfalls der seltsame Blick vom oberen Teil Messinas über die Meerenge — die nicht breiter als ein Fluß

aussieht, aber recht angenehm dunkelblau im Vormittags-
licht schimmert.

Also drüben liegt Italien, heiter, man sieht die Gebäude —
ein Katzensprung. Und die Häuser von Messina steigen und
steigen, mit hellblauen, mit rosa Mauern, über die manchmal
Zweige mit Goldgelbem baumelnd hängen ... Friedvoll-
behagliche Meerstadt mit leisem Getrieb.

IV.

Durch die heitere Meerenge, sie hat nicht mehr Wellen als
der Main, fahren bunte Schifflein, farbig bemalte Küstenna-
chen sinnfällig angestrichen wie eine schlesische Bauern-
truhe. Alles friedlich, arglos. (Viel sauberer als in Italien —
Sizilien ist ja sauberer.)

Glockenläuten, ein seltsam alter Dom mit schönen Heiligen darin. Manches in den Straßen sieht mehr spanisch als
italisch aus (wie bekanntlich oft in Sizilien).

V.

Am Domplatz ist eine dolceria oder Stätte der Süßigkeiten, von zwei schlichten Sizilianerinnen bedient; ein Frühstück von seltsamen Kuch-chen und Marsalawein schmeckt
dort sehr gut ...

VI.

Das Erdbeben kam.

Die zwei Sizilierinnen sind in der Zwischenzeit erschlagen; im Schutte liegen die Heiligen; die dolceria liegt im
Schutt; die kleinen Kirchlein und hohen Palasthäuser liegen
im Schutt.

VII.

(Auch das Stubenmädel?)

. . . .

Inhalt

Hesperisch

Alfred Kerr
Aus dem Tagebuch eines Berliners
Band 14488

Alfred Kerr verstand sich nicht nur als Theaterkritiker, sondern
auch als Schriftsteller und Spracherneuerer. In seinen vielfältigen
Aufzeichnungen versuchte er, sich schreibend seiner Welt zu versi-
chern und für die Fülle des Lebens eine geeignete Sprache zu finden. Das Berlin der Jahrhundertwende, in das Kerr mit zwanzig
Jahren kam, erschien ihm als ein unerschöpflicher Kosmos, den es
in seiner ganzen Vielfalt zu durchmessen galt. Seine genauen Be-
schreibungen der Menschen und Orte rund um Berlin zeigen
Kerrs große Daseinslust und Sinnenfreude, die er den Genüssen
einer »Welt im Licht« entgegenbrachte. Selbstverständlich wei-
sen seine Aufzeichnungen auch biographische Wendepunkte aus,
die erotischen Verwirrungen, das Glück und Unglück seiner zwei
Ehen, und berichten von seiner Begeisterung wie auch der Mühe
bei dem Verfassen seiner Kritiken.

Fischer Taschenbuch Verlag

Alfred Kerr

Werke in Einzelbänden

Herausgegeben von
Hermann Haarmann und Günther Rühle

Band I. 1 Erlebtes
Deutsche Landschaften, Menschen und Städte
Herausgegeben von Günther Rühle
560 Seiten. Leinen

Band I. 2 Erlebtes
Reisen in die Welt
Herausgegeben von Hermann Haarmann
598 Seiten. Leinen

Band II. Liebes Deutschland
Gedichte
Herausgegeben von Thomas Koebner
406 Seiten. Leinen

Band III. Essays
Theater – Film
Herausgegeben von Hermann Haarmann und Klaus Siebenhaar
480 Seiten. Leinen

Band VII. 1 ›Ich sage, was zu sagen ist‹
Theaterkritiken 1893 - 1919
Herausgegeben von Günther Rühle
960 Seiten. Leinen

S. Fischer

Bruce Chatwin

Auf Reisen

Photographien und Notizen

Herausgegeben von
David King und Francis Wyndham

Aus dem Englischen von Anna Kamp

Band 13306

Bruce Chatwin, dessen Reisebücher zu den schönsten der letzten Jahrzehnte zählen, war auch Photograph. Die Motive seiner Bilder berühren vertraut, da sie auf die Chatwinsche Welt verweisen. Eine schön dekorierte Tür, eine zerfallene Hütte, ein Palast aus Lehm, Gesichter, Landschaften, Gesichter, die wie Landschaften sind, hin und wieder eine Szene, die eine ganze Geschichte erzählt. Aufgenommen hat er seine Bilder in Peru und im Senegal, in Afghanistan und in Patagonien – und auch in England und den USA. Die begleitenden Texte sind skizzenhafte Impressionen, die überaus lebendig und sehr privat wirken, sie sind farbiger noch als die Bilder. Er ist ein Meister im Erstellen der verblüffendsten Analogien, er erfaßt Wesentliches auf einen Blick, hat vor nichts Respekt und ist neugierig auf alles: ein Augenmensch und ein Reisender, für den das Unterwegssein letztlich Selbstzweck ist.

Fischer Taschenbuch Verlag

Christoph Ransmayr
Der Weg nach Surabaya
Reportagen und kleine Prosa
Band 14212

Christoph Ransmayr begann seine literarische Arbeit als Redakteur und Reporter. Er schrieb seine ersten Artikel für die Kulturzeitschrift *Extrablatt*, später für *Merian* oder *Geo*, und vor allem für *TransAtlantik*. Aus der großen Zahl dieser Arbeiten hat er jetzt die wichtigsten Stücke ausgewählt und in einem Band zusammengefaßt. Diese Sammlung führt nicht nur die epischen Möglichkeiten der Form der Reportage vor, wenn sich ein Erzähler ihrer bedient. Sie zeigt auch die Hinwendung des Reporters Ransmayr zu den Stoffen und Gestalten seiner späteren Romane. Seine Reportagen erzählen von den Staumauern in Kaprun oder vom Geburtstag einer neunzigjährigen Kaiserin, von Kniefällen in Czenstochau oder vom Leben der Bauern und Fischer im nordfriesischen Wattenmeer. Den zweiten Teil des Bandes bilden fünf Prosaarbeiten, in denen er von den unterschiedlichsten Epochen und Weltgegenden berichtet: Vom Labyrinth des Königs Minos auf Kreta, von Konstantinopel kurz vor der Eroberung durch Sultan Mehmet 1453 oder von der Freien Republik Przemyśl am Ende des Ersten Weltkriegs.

Fischer Taschenbuch Verlag

fi 1511 / 5

Joseph Brodsky
Erinnerungen an Leningrad

Aus dem Amerikanischen von Sylvia List und Marianne Frisch

Band 9539

In seinen *Erinnerungen an Leningrad* beschreibt J. Brodsky die
anderthalb Zimmer eines riesigen alten Petersburger Hauses, die er
ab dem Zweiten Weltkrieg über zwanzig Jahre mit seinen Eltern
bewohnte. Eigentlich war es nur ein Raum, in dem sich Brodsky
mit einer Konstruktion aus Brettern, Ziegeln und Regalen eine
Enklave abtrennte, die durch eine Schrankwand zu betreten war.
In der Beschreibung dieses Zimmers verdichtet sich die Erinnerung an die Eltern, an die Stadt Petersburg, wie Brodsky Leningrad zu benennen vorzieht: es wird zum Paradigma für die verlorene Welt. Zugleich steht es auch für das »warme Zimmer«, das er –
ein inzwischen Heimatloser – in der Dichtung gefunden hat.

Fischer Taschenbuch Verlag

W. G. Sebald

Die Ausgewanderten

Vier lange Erzählungen

Band 12056

Melancholische Erzählungen der Trauer und Erinnerung, über Entwurzelung, Verzweiflung und Tod – Sebald bewegt sich in seinem vielgerühmten Meisterwerk am »Rand der Finsternis«. Mit großem Feingefühl schildert er die Lebens- und Leidensgeschichten von vier aus der europäischen Heimat vertriebenen Juden, die im Alter an ihrer Untröstlichkeit zerbrechen. Indem er die Vergangenheit eines früheren Vermieters, eines ehemaligen Dorfschullehrers, eines Großonkels und eines befreundeten Malers zu rekonstruieren versucht, erzählt Sebald indirekt aber auch von sich selbst – von seinem Schmerz über das Schicksal dieser Menschen, von seiner Trauer über die deutsche Vergangenheit. Entstanden ist eine ganz einzigartige, poetische Prosa, geheimnisvoll verwoben und trotz aller Bezüge und raffinierten Verunsicherungsstrategien doch bedrückend klar.

Fischer Taschenbuch Verlag

fi 2142 / 2

Charles Simic

Die Fliege in der Suppe

Aus dem Amerikanischen von Rudolf von Bitter

Band 14173

Charles Simic, der große amerikanische Lyriker, erinnert sich an seine Kindheit und Jugend in Belgrad, Paris und Amerika. Als er drei Jahre alt ist, bombardieren die Deutschen seine Heimatstadt Belgrad. »Alle Kinder spielten Krieg. Wie liebten wir den Klang der Maschinengewehre! Diese Art zu spielen machte die Erwachsenen verrückt.« Und die sind eigentlich schon verrückt genug: der Großvater, der in seinem Haß auf die Kirche den Priester verprügelt; der Onkel, der den Deutschen einen Armeelaster klaut, um mit seiner Freundin eine Spritztour zu machen, was zur Verhaftung des Vaters durch die Gestapo führt. Überhaupt der Vater: er ist die geliebte Hauptfigur in diesen Erinnerungen, ein Geschichtenerzähler und Schlawiner. Im Juni 1953 erhält die Mutter für sich und die Kinder die Erlaubnis zur Ausreise, 1954, nach einem Jahr in Paris, die Visa für Amerika, wo Simics Karriere als amerikanischer Dichter beginnt.

Fischer Taschenbuch Verlag

Heinz Knobloch
Mit beiden Augen
Von Dresden nach Tennessee
Band 14677

Heinz Knobloch, langjähriger Redakteur bei der ›Wochenpost‹, erzählt von seiner Kindheit in Dresden und seiner Jugend im Krieg.
Er läßt noch einmal die besondere Atmosphäre Dresdens lebendig
werden, einer Stadt der europäischen Hochkultur und der kleinen
Leute, der feudalen Lebensweise und der leckeren Eierschnecken.
1935, Knobloch ist gerade neun Jahre alt, muß er das alte, »heile«
Dresden verlassen und zieht nach Berlin, wo eine Reihe ziviler
Abenteuer auf ihn warten. Als der Krieg begann und er sich weigerte »Hitler zum Geburtstag« geschenkt zu werden, wird ihm
bald gesagt, daß auch er sich »noch so manchen Wind um die Nase
wehen lassen müsse«. Trotz aller Abneigung kann er sich dem
Militär nicht entziehen, desertiert aber bald und gerät in amerikanische Gefangenschaft. Als genau beobachtender Zeitgenosse
zeichnet Knobloch seinen Weg von Dresden nach Tennessee in
eindringlichen Geschichten nach, die persönliche Erfahrungen
ebenso widerspiegeln wie historische Einsichten.

Fischer Taschenbuch Verlag

fi 1077 / 8

Heinz Knobloch
Mit beiden Augen
Mein Leben zwischen den Zeilen
Band 14678

Ein Buch, auf das viele lange gewartet haben. Knoblochs Erinnerungen an sein Leben zwischen den Zeilen als Feuilletonist der
›Wochenpost‹, als Autor vielbeachteter Bücher: Er erzählt von
großen und kleinen Ereignissen, von den Kapriolen der Geschichte, von Zensur, Zumutungen und listigen Auswegen, aber auch
von dem Glück, immer wieder gebraucht zu werden. Mit beiden
Augen: das heißt nicht einäugig, nicht einseitig schreiben. Es heißt
auch: das scheinbar Nebensächliche wahrnehmen, das Unbeque-
me, Widersprüchliche. Es geht um den 17. Juni 1953, den Mauer-
bau, die Aufstände in Ungarn oder in Prag und das Jahr 1989.
Es geht um persönlichen Anstand, um Hoffnungen und Zwei-
fel; um die Entdeckung von Menschen und Biographien: Moses
Mendelssohn, Mathilde Jacob, Victor Auburtin oder Paul Levi.

Fischer Taschenbuch Verlag

fi 1078 / 5

Gabriele Tergit

Im Schnellzug nach Haifa

*Herausgegeben von Jens Brüning und mit einem Nachwort
versehen von Joachim Schlör*

Band 13922

Die Berliner Journalistin Gabriele Tergit flüchtete 1933 über Prag
nach Palästina. Wie bei vielen anderen Emigranten war auch Ter-
gits Ankunft in Haifa geprägt von Trauer über das Verlorene, von
Skepsis und von Angst. Schreibend bahnte sie sich einen Weg
durch das »Völkergewimmel« in Jerusalem, Haifa, Tel-Aviv und
Bethlehem. Sie erzählt von arabischen Frauen, polnischen Gelehrten, englischen Soldaten oder russischen Musikern und schildert
eindrucksvoll das Nebeneinander von Abendland und Orient auf
engstem Raum. Ihr besonderes Interesse aber gilt dem Judentum
mit seinen Festen und unterschiedlichen Ausprägungen – von den
toratreuen Orthodoxen bis hin zu den hoffnungsvollen Siedlern
in den Kwuzot. Feinfühlige Porträts von Händlern, Pionieren und
Künstlern aus aller Welt sind so entstanden, in denen sich Selbst-
bewußtsein, Trotz und die Begeisterung für den riskanten Neu-
beginn ebenso widerspiegeln wie Resignation und alte Vorurteile.
Die Unmittelbarkeit, poetische Kraft und zeitgeschichtliche Bedeutung der Reportagen machen dieses Buch zusammen mit den
beeindruckenden Photos aus dem Archiv Abraham Pisareks zu
einem wahren Kleinod der Literatur.

Fischer Taschenbuch Verlag

fi 1152 / 6